本书课题研究和出版受到教育部和
中山大学粤港澳发展研究院资助

中山大学粤港澳发展研究院

中山大学港澳珠江三角洲研究中心

中山大学粤港澳
研 究 丛 书

澳门中小学教育：
法律、制度与政策

曹旭东　李萍　杨少曼　等◎著

中国社会科学出版社

图书在版编目（CIP）数据

澳门中小学教育：法律、制度与政策／曹旭东等著 . —北京：
中国社会科学出版社，2019.10
（中山大学粤港澳研究丛书）
ISBN 978 - 7 - 5203 - 4152 - 3

Ⅰ.①澳… Ⅱ.①曹… Ⅲ.①中小学教育—教育法—研究—
澳门②中小学教育—教育制度—研究—澳门③中小学教育—教育
政策—研究—澳门 Ⅳ.①D927.659.216②G527.659

中国版本图书馆 CIP 数据核字（2019）第 045076 号

出 版 人　赵剑英
责任编辑　喻　苗
责任校对　夏慧萍
责任印制　王　超

出　　版　中国社会科学出版社
社　　址　北京鼓楼西大街甲 158 号
邮　　编　100720
网　　址　http：//www.csspw.cn
发 行 部　010 - 84083685
门 市 部　010 - 84029450
经　　销　新华书店及其他书店

印刷装订　北京市十月印刷有限公司
版　　次　2019 年 10 月第 1 版
印　　次　2019 年 10 月第 1 次印刷

开　　本　710×1000　1/16
印　　张　12.5
字　　数　166 千字
定　　价　59.00 元

凡购买中国社会科学出版社图书，如有质量问题请与本社营销中心联系调换
电话：010 - 84083683

序　言

本书定位于基础研究。社会科学的主要任务是研究问题产生的原因以及解决办法，也就是"为什么"和"怎么办"，但是要研究这两个问题的前提往往需要了解问题存在的背景或环境"是什么"。这些看似简单的"基础知识"和"背景知识"，在某种程度上可以决定社会科学研究的成败。

众所周知，在"一国两制"的框架之下，香港和澳门保存着与内地不同的传统和文化，在回归后，这些软性差异被进一步制度化地固定下来，形成了特殊的结构和模式。这些结构性差异是"一国两制"的题中之义，但同时也带来了摩擦和冲突，其中尤以香港为甚。"法理回归，但人心尚未完全回归"的状态从回归之初延续至今，学者们要思考"人心回归"何以如此漫长和困难。除却殖民传统和历史遭遇之外，现行机制是否存在某种固有缺陷，是否缺少有效的整合要素，是值得探讨的问题。中央全面管治权、港澳居民内地生活便利化、粤港澳大湾区建设、港澳融入国家发展等理念和规划背后都包含着国家统合的要素。然而要实现心理层面的国家统合，恐怕需要更柔软的机制，这其中的重要组成部分便是教育。教育的任务是教化人心。国家认同的不足与教育导向偏差有相当大的相关性。反过来，人心回归工程离不开教育的纠偏行动。

要研究教育问题，首先需要对教育的情况进行全面的、系统的梳理，面对港澳教育这个"陌生人"尤其需要如此，本书的任务正是从法律、制度和政策三个层面对澳门教育进行系统介绍。总体上看，有关于澳门教育的法律不是单一的，而是体系化存在的；理解澳门教育的核心是制度，制度通过法律体系加以呈现，法律是制度的载体；教育政策以教育制度为框架，制度是硬性的，政策是弹性的。理解澳门教育至少可以注意如下几个特点：第一，澳门中小学教育法律体系以《非高等教育制度纲要法》为主干，以具体领域特别法为枝节，形成主次分明的结构，法律制度比较完备，具体领域的特别法涵盖办学制度、教学人员管理制度、课程制度、学生管理制度、主管机构与咨询组织等教育领域主要制度板块。第二，澳门的中小学以私立学校为主、以公立学校为辅。私立学校在澳门中小学教育中扮演着重要角色。因此，规范私立学校教学人员的《非高等教育私立学校教学人员制度框架》是重要性仅次于《非高等教育制度纲要法》的一部法律。处理与私立学校之间的关系，也是教育主管部门最主要的工作。第三，澳门教育暨青年局发布了三项重要政策，即《德育政策》《语文政策》和《青年政策》，这些政策是目前教青局除日常行政管理事务之外的工作重点。其中前两项政策是教育政策，后一项政策是教育相关政策。

此外，理解教育制度与政策的变迁需要有历史的维度和视角，这也是本书写作的一个重要逻辑脉络。制度在运行中必然会存在问题，本书将调研中获得的问题加以呈现，但囿于本书基础性研究的定位，对于有关问题点到为止，期待以后专门探讨。最后需要说明的是，香港和澳门虽然同为特区，但政治生态存在差异，香港问题不能类推于澳门，当然这并不意味着可以因此放弃研究，澳门研究可以让我们有更多的参照和对比，更好地理解"他者"，同时也可以防患于未然。

本书写作由中山大学李萍教授课题组完成，课题研究受到教育部资助，成果出版受到国家高端智库（试点单位）中山大学粤港澳发展研究院资助。本书研究资料主要来源于两大方面：其一是公开文献和可靠的网络资料；其二是实地调研材料。本书课题调研得到澳门特别行政区政府教育暨青年局和澳门中华教育会的大力支持；在此衷心感谢澳门教青局的梁励局长、黄健武厅长、郭晓明督学、黄逸恒处长；澳门中华教育会陈志峰先生、杨珮欣女士、马耀锋先生；澳门大学郝志东教授；特别感谢郭晓明督学在整个研究过程中给予的无私帮助。本书研究亦得到清华大学社会科学学院林泰教授、刘美珣教授的悉心指导，以及教育部政策法规司张雪处长、清华大学对外学术交流中心张磊主任的宝贵意见，也正是在他们的鼓励之下，本书研究成果得以出版面世，在此表示真诚感谢。当然，本书所有文责由作者承担。

本书写作分工如下：

曹旭东、李萍：负责全书框架设计、逻辑思路、材料筛选、内容修改。

杨少曼：第一章第二节澳门特区中小学教育现状；第三章第三节课程制度；第四章第一节澳门中小学德育政策。

吴佩婷：第三章第四节学生管理制度；第三章第五节管理机构、咨询组织与专业团体；第四章第三节澳门青年政策。

徐英：第一章第一节澳门中小学教育法律、制度、政策概要；第二章澳门中小学教育法律规范；第三章第二节教学人员制度。

郭丽莎：第三章第一节办学制度；第四章第二节澳门中小学语文教育政策。

目　　录

第 一 章

澳门中小学教育法律、制度、政策概要及现状简介

第一节 澳门中小学教育法律、制度、政策概要

澳门中小学教育经过殖民地时期、过渡期以及回归至今十九年漫长而曲折的发展，现已形成法律、制度及政策三位一体的规制与发展模式，其中以制度、政策为实质，以法律规范为形式。

一 澳门中小学教育法律规范

澳门中小学教育经历了一个从整体落后、政治色彩浓厚到逐步规范化、现代化的发展过程。殖民地时期，澳门教育整体落后，澳葡政府作为微弱，并且以葡人为主要服务对象，服务于推广葡语及葡国文化的政治目的；中葡建交后情况稍微好转，政府开始订定法规加以管理，教学福利惠及私校，教学制度开始规范化；过渡期制定的《澳门教育制度》是第一部系统规定澳门教育制度的法律文本，其制定程序与内容都相当先进，但实施过程中遭到澳葡政府的歪曲，如搁置免费教育计划、削减教育经费预算、取消建校计划、拖延批地建校等。以至于回归后特区政府着重关心澳门教育制度，

2001 年有修法提议，2002 年施政方案将规制教育制度正式提上日程。2003 年澳门教育暨青年局（以下简称"教青局"）开始征集第一轮《澳门教育制度》修改建议的公众咨询，至 2006 年 12 月 21 日，第 9/2006 号法律《非高等教育制度纲要法》（以下简称《纲要法》）正式颁布。

澳门现行规制中小学教育的法律为 2006 年颁布的《纲要法》，以《纲要法》为主干，以具体制度领域的特别法为枝干，共同构成澳门中小学教育完整的法律规范体系。

《纲要法》全面规定了包括中小学教育在内的澳门非高等教育各项制度，内容包括教育制度的基本原则与目标、教育形式分类、办学、管理、师资培训与发展、评核，以及对违法行为的处罚；主体上涵盖政府、办学主体、教学人员、学生、社会团体及咨询机构等。以《纲要法》为教育领域的基本法，具体制度领域的补充性法律法规包括规定义务教育和免费教育的《订定义务教育范围及有关制度》《免费教育津贴制度》，保障学生福利的《学费津贴制度》与《书簿津贴制度》，首次统一规定课程教学与学生评核制度的《本地学制正规教育课程框架》（以下简称《课程框架》）与《本地学制正规教育基本学力要求》（以下简称《基本学力要求》），规定教学人员制度的《非高等教育公立学校教师及教学助理员职程制度》（以下简称《职程》）与《非高等教育私立学校教学人员制度框架》（以下简称《私框》），规定私立教学机构的《私立教育的机构通则》，以及规制教育发展基金的《教育发展基金制度》。其中《私框》的颁布意义重大，它是澳门教育史上首次对私立教学机构的教学人员制度加以统一规定与管理的法律，一改往日私校教学人员管理各行其是的混乱局面。

二 澳门中小学教育制度

澳门中小学现行教育制度由上述法律法规以法律形式确定下来

并加以实施，包括办学制度、教学人员制度、课程制度、学生管理制度以及咨询组织与专业团体相关制度。

办学制度：《纲要法》确立了公私并存的澳门中小学办学制度，确立了私校的法律地位并保障其正当权益与政府资助。在此之前，私校的地位与权利经历了从无到有、从弱到强的发展过程，政府与私校的关系也逐步规范化与法律化。1977 年之前政府（明清政府、澳葡政府）与私立学校毫无交集，政府不管理不资助。随着办学需求与成本的提高，第 11/77/M 号法令《对不牟利私立教育事业的扶助》出台，政府开始对教授葡语的私立学校给予少许资助并管理。《澳门教育制度》实施后，虽首次明确推行 10 年免费教育，但行动上一直搁置，1995 年开始实施倾向性免费教育，对象仅限于加入公共教育网络不牟私利的私立学校。2000 年澳门特首批示核准未加入公共教育网络的私立学校免费教育津贴制度，免费教育才真正惠及全体中小学生。《纲要法》将免费教育年限推及 15 年内，调整了免费教育津贴制度，设立教育发展基金，给予私校财政与技术的双重支持。私校享有办学自主权，包括教学、行政、财政自主权，与此同时政府也依法对私校进行管理与监督，包括经费监督、学校评核、引导教学等。

教学人员制度：殖民地时期政府仅关注官立学校及其教学人员，私校教学人员进行自主教育与培训。20 世纪 90 年代，澳葡政府颁布了三个专门法律，即第 11/91/M 号法令《澳门教育制度》、第 48/91/M 号法令《订定在官立中文幼稚园及小学教学之合适资格》、第 15/96/M 号法令《教学人员通则》，教学人员制度逐步法律化、专业化，但未将未加入公共教学网络的私校教学人员包含在内，且规定的具体制度内容较少，要求较低。现行教学人员制度以《纲要法》《职程》和《私框》为依据，《私框》的颁布使得构成澳门中小学教育主力军的私立学校教学人员首次进入有法可依的阶段，这在澳门教育史上具有里程碑式的意义。澳门现已形成相对完善的规范澳门全体公立、私立中小学教学人员的制度，包括任职资格及审查，教学人员权利、义务及职务，职级与晋升，工作评核，工作条件与薪酬，专业发展与培训；特别是专业发展制度，不仅是教学人员评核因素之一，也是政府与学界共同关注并支持的对象，旨在全面提高教学人员专业素质与能力。

课程制度：澳门中小学课程制度的确立，经历了殖民时期、过渡时期和回归至今三个阶段的变化与发展。殖民地时期私校完全自主生存发展，没有任何课程制度。1991 年《澳门教育制度》的实施促使政府将课程改革问题提上议程，随后第 38/94/M 号法令《学前及小学教育之课程组织》、第 39/94/M 号法令《初中教育之课程组织》和第 46/97/M 号法令《高中教育课程组织》出台并实施，标志着澳门历史上第一次由政府推动的系统性课程改革拉开序幕，但私立学校仍享有完全的课程自主权，可以自主制定课程大纲，课程改革效果并不理想。回归之后，《纲要法》规定了非高等教育的总目标、各阶段的教育目标、课程和教学等内容，具体的补充性法律随之颁布，即第 15/2014 号行政法规《课程框架》和第 10/2015 号行政法规《基本学力要求》。至此，澳门中小学课程制度已成体系，确定了注重公民意识、爱国爱澳、多元化及全面发展的课程目标，制定了与之相配套的不同教育阶段基本学力要求，与人民教育出版社合作开发澳门本地教材，提升澳门对教材选用的自主能力，实施"课程先导计划"，旨在提升学校对课程改革的执行能力，举办"研习计划及教师培训"，提升教师对教材实施的把握能力。

学生管理制度：1991 年《澳门教育制度》规定了基础教育与免费教育，自 1995/1996 学年起，将免费教育逐步普及至包括小学教育预备班及小学教育在内之私立教育范畴，并于 1997/1998 学年扩展至初中教育。第 42/99/M 号法令《订定义务教育范围及有关制度》与之配套，规定了义务教育相关制度。回归后，《纲要法》确立了免费教育与义务教育制度，随后订立《免费教育津贴制度》《学费津贴制度》《书簿津贴制度》，形成较为完善的义务教育、免费教育和学生福利制度模式。实施义务教育和免费教育，学生完成正规教育的保证得到加强；增加资源，优化中小学福利，扩大教育受惠面；基于澳门人口的出生率以及为优化班师比和师生比进而提高教育质量，推行了小班制教学制度；加入了学生能力国际评估计划（PISA）和全球学生阅读能力进展研究（PIRLS），为评估学生能力发展提供了科学支撑。

管理机构、咨询组织与专业团体：咨询组织与专业团体是澳门中小学教育制度中不可忽视的部分，其对澳门教育发展起着管理和重要促进作用。以第 81/92/M 号法令《教育暨青年司组织法规》、第 26/97/M 号法令《学校督导活动之法律体系》、第 17/2010 号行政法规《非高等教育委员会的组织及运作》、第 102/2006 号行政长官批示《课程改革及发展委员会》、第 3/2012 号法律《私框》为依据，目前关于澳门中小学管理机构、教育咨询组织与专业团体包括教育暨青年局、非高等教育委员会、青年事务委员会、课程改革及发展委员会、教学人员专业委员会，其组织、运作、成员及其权利义务等也在上述法律规范下依法进行。

三　澳门中小学教育政策

澳门回归初期，刚刚经历政治剧变，又面临陷入谷底的经济环境及不稳定的社会治安局势，第一届特区政府的施政重点并未放在教育上，主要是延续回归前的教育政策，固本培元，为经济增长服务。① 从第二届政府开始关注市民的语文、德育及青年政策。

2008 年，澳门特区政府出台《非高等教育范畴德育政策》（以下简称《德育政策》）。目前澳门中小学德育的核心内容和科目是品德与公民教育。殖民时期，由于澳葡政府对教育采取放任、不介入的态度，大部分澳门学生缺乏国家观念和公民意识，基本处于"臣民型"和"疏远型"的政治文化之中；过渡时期，澳门中小学德育以培养公民素质、提升公民意识为主；回归后，则注重培养澳门学生作为国家与特区公民的身份认同，强调品德与公民双重教育。在德育政策的指导下，德育建设依托于学校、家庭、政府与社会，通过德育目标设定、教材开发、教师培训、社会实践以及督导评价机制的落实，开展德育工程，并取得了一定成效，澳门学生对国家与地方的认同程度有所提升。

同年，《非高等教育范畴语文教育政策》（以下简称《语文政策》）出台，从法律、历史、文化特色等各方面考虑，明确中、葡、英三语的地位，优先强调"两文"（中文、葡文）、"三语"（粤语、普通话、葡语）；培养中葡双语精英人才；构建推广普通话、葡语和英文的有效机制；为学校、教师及其他机构的语文教育提供充足的资源；完善语文教育的相关法规。

2013 年，政府公布《澳门青年政策（2012—2020）》（以下简称《青年政策》），确定了青年事务未来的发展方向、目标和措施，以青年发展为取向，构建本地人才培养长效机制，其特点在于理念人本化、管理组织化、咨询民主化、制定科学化。青年政策的形成亦经历了殖民地时期的缺位、过渡期的萌芽，包括 1988 年设立青年委员会、1992 年施政大纲明确青年培训，到回归后开始全面实施青年政策的发展历程。2002 年成立青年政策咨询机构，2003 年制

---

① 梁淑雯：《澳门特别行政区教育政策评述》，《"一国两制"研究》2014 年第 3 期，第 119 页。

定《澳门青年指标体系》，2007 年制定《澳门青年全人发展策略》（以下简称《全人策略》），2010 年推出澳门青年研究网。2013 年《青年政策》的出台，成为第一个关于青年政策的规范性文件，并按照其时间表逐步推进。

第二节　澳门特区中小学教育现状

澳门教育分为高等教育①和非高等教育②两大部分。其中，非高等教育由澳门特区教青局③进行管理与引导，遵循澳门特区第 9/2006 号法律《纲要法》开展教育活动。

一　教育类型

"非高等教育"指的是大学教育和高等专科教育以外的各种类型的教育，包括两种类型：正规教育和持续教育。正规教育包括幼儿教育（3 年）、小学教育（6 年）、中学教育（初中教育 3 年、高中教育 3 年），以及特殊教育。④ 持续教育是指正规教育以外的各种

---

① 高等教育，指大学教育和高等专科教育。澳门特区现有 10 所高等院校，其中 4 所为公立，6 所为私立。

② 非高等教育，指大学教育和高等专科教育以外的各种类型的教育。

③ 教育暨青年局（简称"教青局"）是一个构思、领导、协调、管理和评核非高等教育、辅助青年及其社团的政府部门。职能：（1）执行教育及青年政策；（2）发展各类教育，为教育机构的良好运作提供所需条件；（3）确保实行持续教育的原则及所有居民享受教育的权利；（4）鼓励并发展有助文化推广及青年和谐融入社会的培训工作；（5）订定教育及青年活动的年度和跨年度计划；（6）负责为有特殊教育需要的学生融入社群提供条件；（7）定期评核教育制度，以保证教学法的革新及配合特区社会经济实况；（8）推行订立私立教育的规章；（9）协调及监察公立及私立学校的教育活动等。

④ 《纲要法》第 12 条第一目规定："特殊教育旨在为有特殊教育需要的学生提供适合其身心发展的受教育机会，以协助其融入社会、发挥潜能、弥补不足及参与就业。"第二目规定："特殊教育的对象，包括资优学生和身心存在障碍的学生，由政府有职权的公共部门或教育行政当局指定的实体负责评估。"第三目规定："特殊教育优先在普通学校内以融合的方式实施，亦可在特殊教育机构以其它方式实施。"第六目规定："特殊教育制度由专有法规订定。"

教育活动,包括家庭教育、回归教育、社区教育、职业培训以及其他教育活动,体现终身学习的理念,是对正规教育的补充和发展。(见表1—1)

(一) 小学教育

澳门特区的小学教育为期六年。就读小一的入学年龄为当年满6岁,而就读小学的最大年龄为当年不超过15岁,需要具有有效的留澳证明文件。学生如果已经超龄可就读回归教育。

现时公立学校及加入免费教育学校系统的私立学校提供免学费的小学教育。此外,部分私立学校亦提供小学教育,但收费由各校依法自行订立。公立及私立学校招收新生及招生考试的时间一般不早于每年的3月份;办理就读公立学校的报名手续需出示或递交的文件。

(二) 中学教育

中学教育,包括初中教育和高中教育,学习年限均为三年。就读初中及高中的年龄上限分别为十八周岁及二十一周岁。小学毕业者,方可报读初中教育;初中毕业者,方可报读高中教育。合格完成初中教育或年满十五周岁者,方可报读职业培训课程。根据学校按适用法例制定的标准,合格完成初中或高中教育者,有权获得相应的学历证书。

就读初中及高中的某一学级的学生,在该学年内分别满十八周岁或二十一周岁,可继续其学业,直至该学年终结为止。在特殊情况下,经教育行政当局审核并获批准者,可以逾越。

就学的义务从年满五周岁后的首个学年起至受教育者年满十五周岁的学年终结或合格完成初中教育时终止。而现时公立学校及相当部分的私立中学提供免费的初中教育。免费是指免缴学费、补充服务费和其他与报名、就读及证书方面有关的费用。

公立及私立学校招收新生及招生考试的时间一般不早于每年的

3月；办理就读公立学校的报名手续需递交的文件。

表1—1　　　　　　　　　　澳门非高等教育学制和教育类型图[①]

年龄	正规教育			持续教育						
		教育阶段	教育年级		回归教育				职业培训	
	特殊教育			家庭教育	小学回归教育	初中回归教育	高中回归教育	社区教育		其他教育活动
≧18		高中教育	三年级							
17		高中教育	二年级							
16		中学教育 高中教育	一年级							
15		初中教育	三年级							
14		初中教育	二年级							
13		初中教育	一年级							
12		小学教育	六年级							
11		小学教育	五年级							
10		小学教育	四年级							
9		小学教育	三年级							
8		小学教育	二年级							
7		小学教育	一年级							
6		幼儿教育	三年级							
5		幼儿教育	二年级							
4		幼儿教育	一年级							
3	≈									
0										

二　学校与学制

澳门特区的学校系统由公立、私立学校组成，并由公立学校和接受资助、提供免费教育的私立学校组成免费教育学校系统。澳门的私立学校分为本地学制和非本地学制两类；不牟利的本地学制私立学校，可申请加入免费教育学校系统。特区政府鼓励学校在办学理念、课程发展和教学模式上形成自己的办学特色和风格，发展多

---

① 澳门教青局依据澳门特别行政区第9/2006号法律《非高等教育制度纲要法》绘制。

元的学校系统，为社会培养更多优秀人才。

根据《纲要法》，澳门教育类别分为"正规教育"和"持续教育"。"正规教育"为三年学制的幼儿教育（原为小学预备班）、六年学制的小学教育、三年学制的初中教育，以及三年学制的高中教育（高中教育原为两年或三年学制），共15年正规教育。以上学制即为"本地学制"。而"持续教育"则可细分为家庭教育、回归教育、社区教育和职业培训。不实行本地学制的学校即为"非本地学制"学校，不能接受政府的免费教育补助。因此，澳门中小学教育属于非高等教育中的正规教育，实行"六三三学制"，即"本地学制"。

根据教青局统计数据显示，2017/2018学年，澳门特区共有77所学校，其中公立学校10所，私立学校67所；67所私立学校中，开办正规教育学校共有64所，只开办回归教育的学校有3所；74所开办正规教育的学校（包括10所公立学校，64所私立学校），其中，67所学校属免费教育系统，7所学校属非免费教育系统。①

三　教育投入②

澳门是大中华区第一个提供15年免费教育的地区。特区政府于2007年成立教育发展基金，以支持和推动在非高等教育领域内展开各类具发展性的教育计划和活动。"学校发展计划"是教育发展基金主要的资助计划。2016年，教育发展基金共发放资助达7.06亿元，当中，2016/2017学校年度学校发展计划的章程做了调整，包括：重新调整资助的分类及新增有助学生身心健康发展的项目，且为项目设定资助上限。另外，还资助学校进行大型重建和扩

---

① 资料与数据来源：澳门特别行政区教育暨青年局：《澳门教育年鉴》《2017年澳门教育年鉴》，2018年1月1日（http://portal.dsej.gov.mo/webdsejspace/internet/category/parent/Inter_main_page.jsp？id＝59443#Inter_main_page.jsp？id＝59443）。

② 同上。

建工程，全面支持教与学的各项活动。

各项津贴及资助计划。特区政府为纳入免费教育学校系统的私立学校，提供免费教育津贴，对在没有提供免费教育学校就读的学生发放学费津贴，且两类津贴金额皆持续提高。

此外，于2016/2017学年向每位就读正规教育的澳门居民学生继续发放书簿津贴，幼儿、小学及中学教育阶段每名学生的津贴金额分别为2000元、2600元及3000元（见表1—2）。

表1—2　　　　　澳门非高等教育2016/2017学年免费教育津贴

教育阶段	2016/2017学年免费教育津贴	2016/2017学年学费津贴
幼儿	91.36万元/班	18400元/人
小学	100.79万元/班	20500元/人
初中	122.6万元/班	22800元/人
高中	139.46万元/班	22800元/人

根据《粤澳合作框架协议》的内容中，有关"澳门逐步对在广东就读幼儿园和中小学的澳门幼儿及学生提供学费津贴"，教青局于2012/2013学年首次以"先行先试"的方式向就读广东省珠海市和中山市全日制普通高中、全日制中等职业学校高中教育阶段的澳门学生提供学费津贴，至2015/2016学年，津贴发放的范围扩展至在珠海市、中山市、江门市、广州市及佛山市就读高中教育阶段及幼儿教育阶段的澳门居民学生。每名高中教育阶段学生每学年最高津贴金额为4000元，幼儿教育阶段学生每学年最高津贴金额为6000元。有关计划除了向高中学生提供学费津贴外，还为他们在澳门开办暑期课程、参观学习活动等提供资料。另外，组织学生参观澳门高等院校，从而让学生及早做好升学规划。2016年，获发学费津贴的学生共有1706人，总津贴金额约887万元。

四　学生与教师①

2016/2017 学年，非高等教育的学生总数为 76171 人，其中接受正规教育的学生为 74375 人，包括幼儿教育 17757 人（23.3%）；小学教育 28438 人（37.3%）；中学教育 27473 人（36.1%），职业技术教育 980 人（1.3%）及特殊教育 707 人（0.9%）。而回归教育学生人数为 1796 人，包括小学教育 83 人（0.1%）；中学教育 1713 人（2.2%），职业技术教育 322 人（0.4%）。

2016/2017 学年非高等教育领域教学人员总数为 6714 人，较 2015/2016 学年增加 6.4%。2016 年共组织了 414 项教学人员培训活动，提供了 18598 个培训名额。另外，透过教育发展基金推出校本培训、脱产培训、休教进修资助计划，2016 年参与校本培训资助计划的教师数为 24099 人次。2016 年参加教学设计奖励计划教学公开课的教学人员为 951 人次。此外，2016 年有 338 名教学人员获资助修读高等院校开办的师范培训课程。

为支持澳门学校领导及管理人员的专业发展，于 2016 年开办一期"学校领导储备人才培训课程"及两期"学校中、高层管理人员储备人才培训课程"，分别有 22 名及 90 名教学人员参与。

澳门从 2013/2014 学年开始推行"培养葡语教师及语言人才资助计划"，资助高中毕业的学生赴葡萄牙修读葡西语学士及教育硕士、应用外语学士及（或）硕士课程，并与葡萄牙天主教大学达成合作共识，为赴葡升学的澳门学生举办葡语及葡萄牙文化预备课程，及格的学生可直接升读该校上述课程。2016/2017 学年，有 13 名学生就读葡语及葡萄牙文化预备课程，21 名学

---

① 资料与数据来源：澳门特别行政区教育暨青年局：《澳门教育年鉴》《2016 年澳门教育年鉴》，2018 年 1 月 1 日（http://portal.dsej.gov.mo/webdsejspace/internet/category/parent/Inter_main_page.jsp? id = 59443#Inter_main_page.jsp? id = 59443）。

生就读葡西语学士课程，30 名学生就读应用外语课程。学生毕业后，须回澳履行提供服务的承诺，从事葡语教师或与葡语相关的工作。

第二章

澳门中小学教育法律规范

澳门中小学教育以《纲要法》为基本法，以其他具体制度的法律规范为补充，如《课程框架》《基本学力要求》《私框》等，已形成相当完善的法律规范体系。这一法律规范体系的形成经过了一个漫长而艰难的发展过程：殖民地时期教育落后、法律缺失，建交后政治因素推动政府干预、初步立法，以及过渡期开始全面规制。澳门回归之后，特区政府才真正掌握澳门教育的主动权，华人才真正享受到平等的受教育权。

第一节　历史沿革

一　殖民地时期的教育——整体落后，葡人优先

1845 年，葡萄牙女王宣布澳门是葡萄牙的自由港，任何国家船只向澳门输入货物须获豁免关税；1846 年，葡国委任的澳门总督亚马喇到达澳门，主张对华强硬，不仅不再向清廷缴纳地租，反而向华人征税，并以武力驱逐清政府驻澳机构，转而实施殖民地统治；在清帝国战败残喘的关头，葡人事实上全面占据澳门，继而 1887 年《中葡友好通商条约》确定了葡萄牙"永居管理澳门"的法律

地位。①

　　而在葡萄牙殖民统治澳门期间的澳门教育方面，根据澳门土生葡人施白蒂编写的《澳门编年史》、澳门政府行政暨公职司出版的《行政》杂志，以及其他历史文献可知，澳葡政府的教育与语言政策总是如影随形。

　　1882 年 7 月 21 日，澳门总政务司长以总督名义批准在氹仔和路环建立两所学校，以便无力负担学费的学生接受教育。但是由于没有汉语编写的葡萄牙历史，该计划没有实现，最终"最大的愿望是只能为中国孩子提供葡萄牙语言文化和教育"②。

　　1882 年 12 月 2 日，"由于无其他方式使女童接受葡萄牙教育，圣母玫瑰堂助教罗撒修士提议建立两所初等语文学校"③。

　　1919 年 11 月 8 日，澳门总督施利华颁布训令规定"从翌年 1 月 1 日起，所有分属本省的官立、市立、传教士或者其他政府津贴的小学必须教授葡文"④。

　　1927 年 5 月 28 日，澳门总督巴坡沙颁布法规以"鼓励居民在这个殖民地的庞大中国社群学习葡语"，"需中国人服务的公共部门只能聘请懂葡语者"⑤。

　　1931 年 8 月 1 日，澳门总督柯维喇颁布法规，为维持一门葡语课程而核准每年向学校发放津贴。⑥

　　直到 1960 年，澳门总督都不遗余力地促使葡语成为澳门的社会生活习惯用语，并颁布了相应的训令、法规、批示等。

　　在这样的政治目的和语言政策驱使下，澳门的教育带有明显的

　　①　参见吴如加、萧涌刚《澳门历史细节：失败殖民四百年》，《凤凰周刊》2015 年第15 期。

　　②　参见［葡］施白蒂《澳门编年史》，小雨译，澳门基金会，1995 年，第 226 页。

　　③　同上书，第 227 页。

　　④　参见澳门政府行政暨公职司《行政》第 8 册，1995 年第 27 期，第 170 页。

　　⑤　同上书，第 171 页。

　　⑥　同上。

亲葡倾向。1908 年，澳门总督罗沙达委任的一位有关教育事务的委员汇报道"无论外来的推动或提议，澳门有自己的生活模式，事实上，居民大多数是华人，正因如此，对习俗和传统的保留都不会退让，而且至今天，其他民族也没有可能以其文化、习俗、习惯驱散或磨减之。这样，教育的问题应该以澳门的华籍居民或少数葡籍居民做考虑？明显地，应该以后者作衡量。"① 在如此背景和传统下，以葡籍居民为主，枉顾华人居民的教育政策一直被延续并贯彻。

　　在上述教育政策之下，澳门的华人子女若要接受教育，只能依靠社会自发力量加以援助。资料显示，1892 年，镜湖医院值理会率先开办义学。到 1939 年，由华人社团或热心人士兴办的义学共有 18 间。② 此外，澳门天主教会也致力于办学，其学生占据全澳门学生一半以上。③ 澳门天主教教区主教也因此由葡国神职界人士担任，澳门天主教教会办学，通过主教取得政府资助，因此相对于华人社团或私人创办的学校而言，天主教学校规模较大，优势明显。④

　　1966 年"一二·三"事件发生之后，澳门的亲台团体所办学校全部关闭，亲共产党的教育团体和天主教会分庭抗礼，以中华教育会为核心的学校强调要加强"爱国教育"，天主教学校被指为进行"奴化教育"。⑤ 二者加强意识形态的对立。中华教育会每年盛大举办"全澳学生运动大会"，天主教教会学校从不参加，而它们自身也举办自己的"天主教学生运动"，学校群的其他活动也是泾

---

① 参见澳门政府行政暨公职司《行政》第 9 册，1996 年第 4 期，第 1068 页。

② 参见《澳门日报》1990 年 9 月 10 日。

③ 参见黄汉强编辑《澳门教育改革研讨会文集》，东亚大学澳门研究中心，1991 年，第 40 页。

④ 参见黎义明《澳门回归初期特区政府修改教育制度之管理路向研究》，博士学位论文，西南大学，2005 年。

⑤ 参见单文经《澳门公民教育简史》，《21 世纪中国公民教育的给予与挑战——两岸四地公民教育研讨会论文集》，2006 年。

渭分明。① 直到 1979 年中葡建交，上述情况才有所改变。

20 世纪 50 至 60 年代，澳门涌现大量来自内地的移民，社会团体和教会为此一共开办了 50 所新学校。澳葡政府继续推行葡萄牙统治其"海外省"的教育政策：不承认不符合葡萄牙学制的学历，不资助不教授葡语的学校。②

这段时期的学校分为葡文官制官立学校与官制私立学校。官制官立学校有创立于 1893 年的澳门中央利肖中学，后更名为皇子国立中学，是远东最悠久的葡国官立学校，也是澳门唯一官立文法中学。官制私立学校有澳门土生教育协会于 1978 年创办的澳门商业学校，目的是"创立属于自己的学校，得以置身于政局的各种变化之外"③。天主教慈幼会会士管理的鲍思高学校也是私立学校。④ 皇子国立中学是彻底的葡制中学，学生多是从葡国来澳门担任公职人员的子弟，课程设置的目的是使学生返回葡国升高等学校；商业学校的课程则以培养日后投身商业活动的商业人员为宗旨；鲍思高学校兼容葡人华人子弟，课程以培养职业技术人员为目的。这三所学校的学生、阶层、阶级明显不同，三者之间互为隔绝。⑤

由以上史料可知，中葡建交之前的澳门教育特点有：第一，澳门虽然较早开埠，但教育事业的发展相当迟缓和落后。第二，不同学校之间的差别和疏离很明显，这也是社会不同群体疏离的体现。此阶段尚无法律对教育进行规划和管理，只有以语言政策为核心的相关法令或批示，澳葡政府的语言政策和文化政策主宰了教育的发

---

① 参见单文经《澳门公民教育简史》，《21 世纪中国公民教育的给予与挑战——两岸四地公民教育研讨会论文集》，2006 年。

② 参见黎义明《澳门回归初期特区政府修改教育制度之管理路向研究》，博士学位论文，西南大学，2005 年。

③ 参见澳门教育暨青年司主编《澳门学校的特征》，1997 年，第 29 页。

④ 同上书，第 49 页。

⑤ 参见黎义明《澳门回归初期特区政府修改教育制度之管理路向研究》，博士学位论文，西南大学，2005 年。

展方向。

二　中葡建交之后——政府开始资助教育，教育逐步规范化

1977 年，中葡两国政府开始进行建交谈判，1979 年 2 月 9 日正式建立外交关系。1977 年中葡开始谈判建交时，澳葡政府于 1977 年 10 月 22 日颁布第 11/77/M 号法律《对不牟利私立教育事业的扶助》，1978 年 2 月 28 日又颁布了第 33/78/M 号训令《对给予不牟利教育扶助订出管制法例》。根据以上法律和训令，澳门于 1978/1979 学年开始以班级为单位发给学校津贴，并按照学校的学费额分级向幼稚园、小学、中学发放一定数额，并设置"不牟利私校学生助学金"项目；按照学校人数的百分比发放；课程设置有葡语科的学校，每个班有津贴 5000 澳门元。虽然也向中英文学校发放津贴，但是其学校的学历依旧不被承认。①

1985 年 9 月 10 日，中华教育会举办首届澳门教师节晚会，时任总督高斯达出席并公开宣布，自 1985 年 9 月起对不牟利私校教师发放津贴，幼稚园和小学教师具备相关学历的每月可获得津贴 500 澳门元，不具备相关学历的每月可获得津帖 400 澳门元；中学教师具备学历的每月 600 澳门元，未具备学历的每月 500 澳门元。教龄 10 年以上者，每月另加 50 澳门元；教龄 20 年以上者，每月另加 100 澳门元。其后，政府宣布给不牟利学校的师生提供免费医疗。②

以此政策为依据，澳门教育开始逐步走向规范化。未办登记的学校开始补办学校执照和校长证书等证明文件以获取学校津贴；各校教师也开始申请教师证以获得教师津贴；学生领取教育当局发放

---

①　参见黎义明《澳门回归初期特区政府修改教育制度之管理路向研究》，博士学位论文，西南大学，2005 年。

②　同上。

的学生证以享受免费医疗。

上述政策的影响因素包括经济和政治两个方面。经济上，澳门加工制造业的迅速发展，1985 年其收入已超过 10 亿澳门元，1996 年超出 13 亿澳门元。① 政治上，1985 年中葡两国外交部部长就中葡谈判解决澳门问题取得一致意见，② 在此背景下，同年开始实施教师直接津贴和师生免费医疗制度。

从 20 世纪 80 年代开始，澳门的学额不足问题逐渐暴露并不断加重。中葡建交之后澳门人口迅速增加，据澳门人口暨普查司的数据显示，1980 年人口 268300；1985 年人口 407700；1988 年人口 443500；1990 年 3 月，澳葡政府为非法移民进行登记，共登记了 45000 余人。③

三 澳门过渡期的教育立法——教育目标背后的政治本质

葡萄牙里斯本大学科学院教授龚水桑·阿尔芙斯·斌多在中葡政府进行谈判期间到澳门考察并写出《澳门教育：对教育制度之探索》。④ 他评价澳门教育："在一个以中文为主要语言、葡国行政管理的地区，英语却占有特殊的地位，这是不可忽视的事实。"⑤ 澳葡政府在等待联合声明换文生效期间，于 1987 年 6 月颁布了《在澳门推行双语制普及化的一项政策》，指出了在澳门的教育体制内英语占据了至关重要的作用，这是由于英语在现代社会中及澳门所属的地域内所扮演的角色的结果，并指出澳门教育制度需要着手改

---

① 参见邓开颂等主编《澳门历史新说》，花山文艺出版社 2000 年版，第 610 页。

② 参见芮立平《澳门问题的和平解决》，《当代中国史研究》2000 年第 1 期。

③ 澳门政府行政暨公职司《行政》第 3 册，1990 年第 10 期，第 927 页。

④ 参见黎义明《澳门回归初期特区政府修改教育制度之管理路向研究》，博士学位论文，西南大学，2005 年。

⑤ 参见［葡］龚水桑·阿尔芙斯·斌多《澳门教育——对教育制度之探索》，澳门：教育文化政务司办公室，1987 年，第 28 页。转引自黎义明《澳门回归初期特区政府修改教育制度之管理路向研究》，博士学位论文，西南大学，2005 年。

革，强调以第二语言为重点。①

签订联合声明之后，澳门总督强调，"联合政府在 1999 年之后，政府与法院仍继续使用葡语当做官方语言"，"一如联合声明所载，澳门的独特性和现行法制在政权移交后，基本上维持五十年不变"。② 这项语言政策背后有着强硬的政治主导。1986 年 10 月 14 日，葡萄牙颁布了《教育制度纲要法》，第 22 条规定：国家应当通过各种活动和手段，促进葡萄牙语言和文化在国外的传播，并使其被列入他国的课程计划。在上述目标和使命下，面临 1999 年将要归还中国的澳门，葡人带着"眷恋"和"使命"，为使本国语言和文化在澳门根深蒂固而做最后的努力。澳门政府在接下来的时间里不遗余力地通过行政、财政等途径，将免费教育与普及葡语教育紧密联系起来，以便达到双语制的政策目的，并维持葡语统治的传统。在 12 年的过渡期内达到全面普及葡语教育的目标，且在澳门回归中国之后，也能维持葡语作为管治语言的地位。此时的澳门教育沦为过渡期为达到政治目的而利用的工具，教育事业的车轮因政治的动力而得以滚滚向前。

（一）第 2/88/M 号法律

过渡期，澳葡政府颁布第 2/88/M 号法律，规定教育和文化政策的目标是"透过一切团体法的订定"，"目的在于使所授课程获得官方承认，并逐渐推行六年制的强制性全面免费教育。检讨推广葡语的附属制度，重订其目标、方法、课程，目的是将其纳入本地区特定条件内，同时为双语制的葡籍总政策服务"③。澳葡政府决定通过立法统一学制，并通过"强制的免费教育实行将普及免费教育与普及葡语教学挂钩"。

---

① 参见《在澳门推行双语制普及化的一项政策》，澳门政府，1987 年。
② 《星报》1987 年 7 月 10 日，转引自黎义明《澳门回归初期特区政府修改教育制度之管理路向研究》，博士学位论文，西南大学，2005 年。
③ 《澳门政府公报》1988 年 2 月 29 日第 9 号，第 884 页。

对此，社会各界反响巨大。1988 年 3 月 15 日，亦即澳门总督召开教育委员会的前两天，澳门天主教学校联会与澳门中华教育会，两个分别领导全澳华人学校的教育社团，打破对峙僵局，首次举行座谈会，并在澳门各中文报纸中明确其立场："大家一致认为，中葡关于澳门问题的联合声明指出的'澳门特别行政区政府机关、立法机关和法院，除使用中文外，还可使用葡文'，'要求百分之九十的学生都使用葡语'，实无必要，并将大大浪费资源。"①

然而教育委员会还是如期面世了，澳督正式宣布要统一学制及实施 6 年免费教育。1988 年 3 月 25 日，立法会举行会议，葡人议员宣称，主张英语教学会损害葡语教学，并且希望华人教育界承担起应有的责任，执行联合声明中明文规定的双语政策。② 此言论激起千层浪。4 月 21 日属澳门工人联合总会领导层的华人议员刘焯华在立法会议上发言指出："义务教育是居民应享有的权利，不应以推行双语为前提。"③

1988 年 9 月底，葡萄牙教育部长卡尔内来澳门访问，并宣称："我们检讨了澳门文化教育方面的战略性问题，我们一定有时间在未来的 11 年内在澳门取得文化教育的胜利，因为这关系到葡国政府和民族极其重大问题。"④ 在国家和民族使命的召唤下，澳门教育改革迅速成为现实。

（二）第 11/91/M 号法律

1989 年 2 月 13 日，澳门总督以批示的形式宣布要在澳门建立一个教育体系，并以法律的形式确定下来，为达成此目标建立了教育改革技术委员会，负责起草澳门教育制度纲要法建议案，并规定

---

① 《澳门日报》1988 年 3 月 16 日。
② 《澳门日报》1988 年 3 月 26 日。
③ 《澳门日报》1988 年 4 月 22 日。
④ 《华侨报》1988 年 10 月 2 日。

在 1989 年底完成这部法律的制定。① 表面上是以立法统一学制，统一课程，规范澳门教育发展，实质还是为普及双语制总政策服务。

1989 年 10 月 7 日、8 日、14 日及 15 日，时为东亚大学的澳门大学，举办了"澳门教育改革研讨会"，达成的教育改革目标方面的共识有：澳门教改必须立足于澳门的整体利益，其目标是建立现代化、本地化的教育制度，以提高教育质量，满足本澳社会今天以及未来的发展对教育的要求。② 会议出版的《澳门教育改革》总结的教改目标："教改是要为澳门创立一个教育制度，一方面尊重现有的活力与自由，另一方面能够吸纳现代化的成分并具备改善教育素质的条件。教育改革的主要目标是在不损害教学自由、不损害现存的各不相同的教育系统的特点以及学校自主权的原则下，将现时各种不同的办学体制的学校，求同存异地组织起来，建立一个横能联系、纵能衔接的教育系统，并通过法定程序确定下来。实现 9 年免费教育，发展具有地方色彩的工业教育、职业教育，加速师范教育，提高师资素质，提高教师的专业水平和专业地位，保证教育质量，以达到全面提高人口素质，使人力资源得到最充分发展的目标。在过渡期内，逐步取消认为的不平等，合理分配教育资源，缩短官、私学校学生享受教育权益的距离，以稳定教师队伍，提高合格教师的标准；促进中葡文化的双向交流，融合共进，不断创新。"③

1991 年 7 月 26 日修改通过了《澳门教育制度》。这部法律背后不仅有澳葡政府推行葡国文化与语言的政治背景，也受到社会教育诉求和经济因素的推动。《澳门教育》称："受教育机会的不平等，必然导致就业条件、经济待遇、晋升机会、事业前途的一连串

---

①　《澳门政府公报》1989 年 2 月 13 日第 7 号，第 16/GM/89 号批示。

②　参见黄汉强编辑《澳门教育改革研讨会文集》，东亚大学澳门研究中心，1991 年。

③　同上。

连锁反应的不平等，的确是到处感受到的，后果严重的，我们不能忍受的。"① 中华教育会指出："如果对此不从根本上改变葡人葡语对教育资源多吃多占的局面，既违反教育机会人人平等的公义，也不能根本消除社会的不安因素，更不能体现主权归还澳门居民的精神。"②

这部法律本身从程序上和内容上都有其特色。程序上完全体现出葡萄牙宪法的精神；内容上受政治主张的主宰，以及葡萄牙宪法精神的规范，并体现出有关教育的国家公约的精神。因 1976 年 4 月 2 日葡萄牙宪法颁布，宪法序言和关于教育的条文都明确规定了民主、公正原则，以及平等的教育权利、民主参与等。综上，在《澳门教育制度》这部法律的创制过程中，从立法准备到建议案、法律提案以及立法的程序，都遵循了葡萄牙宪法精神和其规定民主程序。③

在内容上，法律条文规定的一些教育理念、制度应当算是当时的先进水平：如第 2 条教育基本原则、第 3 条教育制度组织的原则、第 41 条教育资助的基本原则、第 46 条教育管理制度的原则等，体现了教育是人的基本权利，教育机会均等，教育中立，教育民主化、多元化，以及每个人都有权平等地享有相应的教育资源的教育理念。2002 年，身兼教育委员会常委、立法会议员、特区政府行政会发言人的私校校长唐志坚，在接受教青局《教师杂志》采访时强调，当年制定第一个教育法律，用了三年的时间，"确保了教学自助的原则，这是立法者的精神"，"教学自主性是要继续予以确保的，在世界各地绝大多数的地方给予学校教学自主，但是在澳门

---

① 参见澳门中华教育会主编《澳门教育》1987 年第 1 期，第 1 页。

② 参见黄汉强编辑《澳门教育改革研讨会文集》，东亚大学澳门研究中心，1991 年，第 69 页。

③ 参见黎义明《澳门回归初期特区政府修改教育制度之管理路向研究》，博士学位论文，西南大学，2005 年。

反而听到一些相反的声音，教育自主是要坚持执行的，不能以行政指令去管教育，只能以政策指引去推动教育。"①

四　回归后的教育立法

1999 年 12 月 20 日，中国政府从葡萄牙手中收回了对澳门的主权，《澳门特别行政区基本法》（以下简称《基本法》）生效。《基本法》第 121 条规定："澳门特别行政区政府自行制定教育政策，包括教育体制和管理、教学语言、经费分配、考试制度、承认学历和学位等政策，推动教育的发展。澳门特别行政区政府依法推行义务教育。社会团体和私人可依法举办各种教育事业。"第 122 条规定确立并保障了澳门原有学校的法律地位及其办学自主权。第 145 条规定："澳门特别行政区成立时，澳门原有法律除由全国人民代表大会常务委员会宣布为同本法抵触者外，采用为澳门特别行政区法律，如以后发现有的法律与本法抵触，可依照本法规定和法定程序修改或停止生效。"《澳门教育制度》这部法律本身所体现的现代化教育精神、培养人才的教育目的、对办学自由和学术自由的保障等内容，适应澳门教育发展的需要，也符合基本法精神，内容中没有与之相抵触的成分，因此作为规制澳门教育的一部基本法律，按照基本法的规定的内容与程序要求，被保留并继续实施。

但是，在过渡时期制定了这部法律，澳葡政府却以与之精神相违背的策略和实际行动扭曲它的内容。搁置免费教育计划、削减教育经费预算、取消建校计划、拖延批地建校、加快部署"课程法令"，发挥专有权，作为达成过渡期教育政策目标的法律支撑。② 被拖延多年的免费教育，虽在 1995/1996 学年得以实施，但实施也是

---

① 参见澳门教育暨青年局《教师杂志》2002 年第 3 期，第 10 页。
② 参见黎义明《澳门回归初期特区政府修改教育制度之管理路向研究》，博士学位论文，西南大学，2005 年。

建立在学校愿意"入网"（即"加入公共教育网络"）的基础上，才能将学生的学费津贴拨给学校，学校若不"入网"，学生一律没有免费教育待遇。这是澳门政府在使用行政和财政手段迫使中文学校设置葡语课程。课程法令规定"入网"的初中学校必须设置葡语课。所以这实际上是一种"倾向性"的免费教育，官立学校占用了大量教育资源，主要目的是语言政策的推行。[①]

这种实施方式使得《澳门教育制度》这部法律带有深深的殖民地时期法律的影子，虽然规定的内容本身并无差错，但由于上述现实的影响和澳门回归祖国的需要，这部法律下的澳门教育逐渐进入特区政府的视野。

2001 年有立法会议员提出对澳门教育制度进行修订。在 2002 年的施政方针中，特区政府表示要评估澳门教育制度，认为需要对沿用了十年的教育制度进行评估，要培育有能力，具有独立思考，有创意，富有参与精神的年轻人，以迎接 21 世纪的机遇和挑战；并提出，教育制度的评估是政府、家长、教育机构等主体的共同事务，应当使它们的权利、义务和社会责任更加清晰；施政方针中进一步提出，评估工作将由教育委员会负责规划，设置专职小组研究及讨论，并且要把所取得的共识撰写成工作文本，供教育委员会全体讨论，并拟定咨询文本，征询广泛的意见。[②]

2003 年，施政方案中有关教育评估的描述有："2003 年将会是集体思考澳门教育制度的一年，政府、教育机构、家长及社会各界人士，都将共同思考这为全澳门居民而设的计划与制度应如何发展，才能培养拥有知识、善于运用、独立自主、有创造力、乐于参与、团结互助、体魄强健，且勇于面对逆境，富有爱国精神和具有

---

①　参见黎义明《澳门回归初期特区政府修改教育制度之管理路向研究》，博士学位论文，西南大学，2005 年。

②　参见《2002 年澳门政府社会文化领域施政方针政策》，2018 年 4 月 3 日（https：//www. gov. mo/zh－hant/content/policy－address/year－2002/）。

国际视野的公民";要"开展编写教育制度法案的工作"。① 一部全新的法律将要取代《澳门教育制度》来规制澳门的教育。

2003 年澳门教青局推出第一轮澳门教育制度修改建议的公众咨询。2004 年,在吸纳第一轮咨询的部分建议之后,展开了第二轮澳门教育制度审议活动,不断听取社会各界人士的意见。在第二轮审议修订的基础上,认真研究和总结了澳门社会的特点、教育的特征、学校的办学情况、教师的思想状态、学生的基本状况、校园文化等内在外在的教育因素,形成了政府管理资助与私校自主办学并行、统一学制与多元形式并存、保留办学传统并体现现代化教育理念等为特点的现行《纲要法》。

第二节　《纲要法》与《澳门教育制度》的比较

2006 年 12 月 21 日,时任澳门特区行政长官何厚铧签署并颁布了第 9/2006 号法律《纲要法》,并宣布依照该法自 2007/2008 学校年度开始实施新的教育法令,原教育制度法律,即第 11/91/M 号法律《澳门教育制度》随之被废止。《纲要法》规定了澳门中小学教育中的基本制度,是对澳门特区非高等教育制度进行的首次重大改革。从此,澳门以《纲要法》为教育制度的基本法,作为澳门非高等教育法律规范的主干,其他各个环节具体法律为补充和枝干,形成了一套崭新的中小学教育制度法律规范体系。

《纲要法》全文共 12 章,55 条,主体上涵盖了政府、办学主体、教学人员、学生、社会团体等,内容上覆盖非高等教育制度的基本原则与目标、教育形式的分类、办学、管理、师资培训与

---

① 参见《2003 年澳门政府社会文化领域施政方针政策》,2018 年 4 月 3 日 (https://www. gov. mo/zh‒hant/content/policy‒address/year‒2003/)。

发展、评核，以及对违法行为的处罚等全部过程。与澳门第一部教育法律《澳门教育制度》相比，它的变化主要体现在以下七个方面：

一　新增教育制度原则，强调"爱国爱澳"教育目标

《纲要法》第二章专章规定了教育制度的原则与目标，与旧法相比，新增的基本原则强调了平等的受教育权、公私并存的办学体制、多元化和多样性的教育制度、政府的辅助义务以及对教学自由的保障。而旧法只提了一句"适应本地区纳入地区性及国际性范畴的具体条件"，教育制度的原则仅强调其弹性和多样性，容纳不同的社群。这种变化是由澳门的社会现状和社会需要决定的，在1991年教育法律制定的时候，澳门的中小学教育根本未受到统一规制，且当时公私制办学现象比较混乱，但二者都是澳门教育中的重要力量，加之澳门正处于过渡期，教育的原则也离不开维护澳门社会的稳定和多元化教育的共存。而《纲要法》除了遵循历史规律，在尊重并保障多元化的社会构成与教学制度基础上，更强调所有居民不分国籍、血统、种族、宗教、政治或思想信仰等，均依法享有受教育权，这是对以前澳葡政府重视葡人教育、忽视华人教育的矫正，同时也体现了特区政府对教育的重视程度。此外，还规定了政府在提供物质条件、保障教学自由等方面的义务，承担起对发展教育的责任。

教育目标的变化更为明显。《澳门教育制度》规定的教育目标构成包括对澳门本身文化的传承、促进公民意识的发展、促进民主与多元论、协助个人全面发展、加强与世界各地人民的联系等，侧重点在于对澳门居民个人能力的培养、对澳门文化的传递以及对世界的认识，基于，历史和现实的原因，国家在这里是缺席的。《纲要法》不仅规定了总目标，还在各个阶段的学习中，规定了幼儿

园、小学、中学的不同目标。在总目标上，明确强调促进受教育者"爱国爱澳"，培养其对国家和澳门的责任感，并恰当行使公民权利，积极履行公民义务，并培养其良好的品德与民主素养；与旧法强调澳门本地文化的传递不同，《纲要法》规定要使其能以中华文化为主流，在此基础上"认识、尊重澳门文化的特色"。中国和中华文化出现在这些规定中，且其地位先于澳门本地文化，这是澳门回归后的必然要求，是"一国"这一顶层设计在教育领域的基本要求。此外，《纲要法》还规定了不同教学阶段的具体目标：小学教育的首要目标为"培养学生基本的公民意识，养成其爱自己、爱他人、爱澳门、爱国家及爱大自然的情怀"；初中教育首要目标为"培养学生良好的品德和自尊感，使其乐观进取，关心他人及澳门和国家的发展，热心参与社会，关注生态环境"；高中阶段则更进一层，"增进学生的国家观念、全球视野及环境保护意识，加强其对澳门的了解和归属感，使其成为有责任感的公民"。

《纲要法》新增的教育制度基本原则确立并保障所有人平等的受教育权，规定了政府在教育中的地位与义务；教育目标中突出了对国家的责任感与"爱国爱澳"的总要求。作为贯穿教育制度始终、并对教育起指导作用的基本原则和目标，这样的新规定与新要求是对"一国两制"大背景的回应，也是对澳门自身教育和社会发展需求的回应。

二　规定教学语言，统一中小学制

《澳门教育制度》第 4 条规定了教学语言的选择，各种教育只能选择葡语或者普通话作为教学语言，在"合理"情况下可使用英语作为教学语言。正如前文所述，澳葡政府坚持百年语言政策，力图通过教育使葡语和葡文化在澳门扎根并根深蒂固，在具体的制度实施中，在资助私立学校的过程中利用行政和财政手段迫使入学校网的私立学校讲授葡语课程。

《纲要法》第37条规定了"教学语文"：公立学校可选择采用正式语文中的一种作为教学语文，但也要给学生提供学习另一正式语文的机会；私立学校的选择更自由，正式语文之外的语文都可采用（该语文须经教育行政当局评估并确认其具备适当条件后方可施行），使用其他语文作为教学语文的私校，要给学生提供学习至少一种正式语文的机会。新的规定灵活处理了教学语言的选择问题，保障了学校的教学自主权，并断绝了政府企图通过权力干预中小学教学语言选择的"霸权"现象。

在学制上，《纲要法》规定了六年小学教育、三年初中教育、三年高中教育的本地学制，取消了旧法中关于小学预备班的规定。《澳门教育制度》设定的小学、初中年限分别为六年、三年，高中的年限不予固定，两年、三年皆可。统一学制使得澳门中小学教育更加规范化，既方便教育主管部门日常管理、规划、课程框架设置，也给学生考评、未来去向选择提供了可操作的统一条件。特别是课程设置与对学生的考评，只有在统一学制的前提下才能进一步开展。

三　制定课程框架，设定基本学力

1991年教育法律制定之前，澳门中小学所授课程由学校自主确定，用着"来自五湖四海"的教材，上着"五花八门"的课。《澳门教育制度》中提及课程安排，"在课程发展方面的专有权，尤其包括课程编制及有关评核制度的草拟，须按将来制定的专有法规所定方式，由有关机构通过"。但是在其后的几年里，以上活动尚未正式提上日程。

《纲要法》首次规定了课程编制的基本情况，并由专有法规订定各教育阶段的课程框架，提出了各个阶段课程内容的总体要求，明确了教育行政当局的职责与权力。经过多年摸索与改革，2014 年颁布了第 15/2014 号行政法规《课程框架》，规定了小学教育、初中教育及高中教育课程的基本架构，其内容主要包括课程发展准则、学习领域及科目的划分、教育活动时间的安排等。

与课程框架相对应，特区政府紧接着出台了第 10/2015 号行政法规《基本学力要求》，对各教育阶段学生应当达到的学力水平、基本素养规定了不同标准。2016 年 2 月澳门特区政府社会文化司作出第 19/2016 号司长批示《核准小学教育阶段基本学力要求的具体内容》，2017 年 6 月相继做出第 55/2017 号社会文化司司长批示《订定高中教育阶段的基本学力要求的具体内容》、第 56/2017 号社会文化司司长批示《订定初中教育阶段的基本学力要求的具体内容》，至此已经制定出各阶段、全方位的基本学力要求之具体内容。

《纲要法》中关于课程框架与基本学力要求的规定是澳门教育史上一个从无到有的突破，促进了课程与学生学力管理的规范化、统一化，对于澳门中小学教育的发展、人才素质的提升至关重要。但同时也保留了教育机构的教学自主权、在法律规定的范围之内，教育机构仍有权自由设置课程以适应不同学生的发展需求。然而问题也与此相伴而生，如何界定教学自主权、教学自主权与行政管理权和监督权之间的权界是什么，这些都有待进一步明确。

四　重视教学队伍，新增"专业发展"

在教学人员制度上，《澳门教育制度》规定了教学人员要具备一定的学历要求，但具体教学人员章程、职称、薪酬等制度通过"特别的法例"订立。除 1986 年关于澳门官立学校文件系统的法令，澳葡政府于 1992 年订立了第 41/92/M 号法令，1996 年颁布了第 15/96/M 号法令《教学人员通则》，但其范围限于官立学校和加入公共教学网络的私立教育机构，对于其余私立教育机构的教学人员并不适用。且在具体内容上，《澳门教育制度》对教学人员除有学历要求外，还规定了职业培训的内容，包括职前、在职及延续培训。

《纲要法》对教师及教育工作人员的规定更加严格且细致，除职业培训外，首次提出专业发展的概念，并确定专业发展是教学人员的权利兼义务。在《纲要法》的框架下，第 12/2010 号法律《职程》和第 3/2012 号法律《私框》相继出台，分别规定公立学校与私立学校的教学人员相关制度。特别是 2012 年的《私框》，是系统规定澳门私立教学人员制度的首部法律，保障了私立学校教学人员的合法权益，并规范了私立学校师资及行政管理人员的资格、薪酬、评核等相关程序。其中"专业发展"也是重点内容，不仅纳入教学人员的评核标准，也设定了教育行政当局在推动教学人员专业发展中的责任。《纲要法》和《私框》的规定表明对教学人员的学历和职业素质要求越来越严格，对这一群体的重视程度也日益上升。《澳门教育制度》关于教职人员的规定相对简单、粗糙，固然受历史局限性因素的影响，但也离不开澳葡政府热切关注语言政策与政治目的而忽视教师群体这一层原因。现行的教职人员法律规范是突破政治影响力、适应现代化、全球化教育趋势并自我创新的体现。

五　普及免费教育，保障学生福利

私立学校一直都是澳门中小学教育体系中的重要组成部分，如何处理私校办学与学生免费上学之间的关系，成为一个突出的问题。理论上讲，私校承担了原本应当由政府承担的办学功能，因而理应得到政府的支持与资助。《澳门教育制度》下的政府资助模式，采取的是"先入网，后津贴"的资助模式，实行的是"倾向性的免费教育"，私校适龄学生若要享受免费教育，前提是该就读学校已经是加入政府"公共教育网络"。然而一方面政府对于加入公共教育网络的学校有严格的教学与语言控制，另一方面很多私立学校更倾向于完全自治，因而导致很多私立学校不愿加入公共教育网络，继而造成就读这些学校的学生接受"义务教育"而不能接受"免费教育"。回归后政府财力宽裕，在调整免费教育年限的同时，还采取了小班教学等模式，这些对于就读于未加入系统的私校学生来说十分不公。

《纲要法》将义务教育年限扩展至 12 年，并规定学生享有从幼儿园到初中阶段的免费教育，虽然《纲要法》本身没有具体设定对于未加入免费教育系统的私校学生的资助，但其第 47 条第 6 款规定由具体法规加以订定，即第 20/2006 号行政法规《学费津贴制度》，对在私立学校就读正规教育各阶段但未受到免费教育优惠，且属于澳门特区居民的学生发放学费津贴。这一补充性法令是在《纲要法》的前提下对免费教育问题的有效解决。

六　设立教育发展基金

"教育发展基金"是《纲要法》的新增内容，是为支持和促进中小学教育在内的非高等教育发展而设立的公法人。教育发展基金的职责包括优化学校教育规划、改善教学环境与设备、促进教师专业发展、改进课程与教学、确保学生均衡发展等。其资金来源于政府拨款，澳门特区或外地公、私法人或自然人的津贴、拨款、捐赠、遗产、遗赠或赠与，以及本身财产或可享有收益的财产之利息或其他收益。教育发展基金以无偿资助与优惠信贷两种形式对教育机构提供财政支持，它的组织、管理及内部运作的规章由专有法规订定。

教育发展基金是一个全新的组织，为澳门非高等教育的发展提供财政支持，是政府资助之外的又一资助渠道，这对澳门教育机构的发展而言无疑是一项重要的举措。

《纲要法》不仅解决了《澳门教育制度》遗留下来的私立学校免费教育的普及问题，还另设教育发展基金，提供技术性支持，更加有效回应了教育中的政府资助问题。

七　继承与创新：政府与私校关系

以上是《纲要法》对比《澳门教育制度》的变化与进步之处，但同时，《纲要法》也继承了《澳门教育制度》关于政府与私校关系的做法。以私校为主体是澳门教育体系的特色之一，这种体系的确有助于发挥私校办学的自主性，保持澳门教学体制的自由化与多样化的特征，但另一方面，私校体系也导致整体教育质量不高的结果。随着澳门特区政府的建立，政府在教育方面有所作为成为大势所趋，政府可在宏观上把握教育走向，克服私校个体意识的局限性。《纲要法》延续了《澳门教育制度》中充分保障私校教学、行政、财政的自主权的做法，同时进一步明确了政府的职权范围，除了对私立学校财政资助外，政府可以从宏观层面把握教育质量、制定课程框架、制定学生基本学力要求等。

《纲要法》还规定政府负责监察私立教育机构是否具备和维持相应要件的能力。私立教育机构的设置、运营、管理、评核等制度的法律法规沿用的《澳门教育制度》框架下的第38/93/M号法令《私立教育的机构通则》；而私立学校教学人员的管理方面则是在《纲要法》框架下进行创新，即颁布与实施《私框》。

总之，在澳门回归祖国后，《纲要法》首次解决了澳门自主办学为主导的中小学教育体系的法律保障问题，并处理了政府与私校之间的复杂关系，既保障了私校办学自主权和多元化、自由化的教育体系，又确立了政府对教育制度和学校系统的管理与监督权限，确立了以统一学制为核心的主体性教育体制，落实了免费教育在私校学生中的资助方案等。

第三节　具体的补充性法规

一　《义务教育制度》与《免费教育津贴制度》

义务教育是澳门中小学教育中的重要内容，《纲要法》确立了义务教育制度的法律地位，其具体规定见于第 42/99/M 号法令《订定义务教育范围及有关制度》。这项法令最初是为与第 11/91/M 号法律相配套，规定了义务教育的具体范围和事宜，确保任何人的平等教育权的实现，并逐步达到实行免费教育。随着《纲要法》的颁布，原《澳门教育制度》中很多内容被废止，但关于义务教育的法令《订定义务教育范围及有关制度》（以下简称《制度》）与《基本法》和《纲要法》的内容和精神相符合，仍适用于澳门的中小学教育。这项法令共 13 条，分别规定了义务教育的定义、行政当局的辅助、首次注册、重新注册、教育阶段之变更与转校、注册的监管、无注册或无重新注册下的补充措施、学生就学的义务、学生的重新安排、缺席与通知家长、证明、义务教育的实现，以及过渡规定。总体而言，《制度》较为细致地规定了义务教育的范围、责任主体、权利主体、义务主体，以及相关的具体权利义务内容。

对免费教育的具体规定，可见于第 19/2006 号行政法规《免费教育津贴制度》。根据《基本法》第 50 条第（五）项和《纲要法》第 21 条的规定，行政长官制定了该行政法规。该行政法规订立的是向加入免费教育学校系统的私立学校发放免费教育津贴的制度。法规共 14 条，带有附件表格以规定发放金额的标准和计算公式。正文对免费教育津贴制度的范围，"注册"和"就读"的定义、加入免费教育系统的程序，津贴的管理，津贴金额，支付方式，账目校正，学校的义务，特别情况，津贴的不可兼得，以及在幼儿园及小学、中学教育的实施日程进行了具体规定。2007 年行政长官修改了《免费教育津贴制度》，对免费教育津贴制度的适用范围和津贴金额的部分进行了修改，学校义务条款有废止部分。

二　《学费津贴制度》与《书簿津贴制度》

根据《基本法》第 50 条第（五）项和《纲要法》第 47 条第六款的规定，行政长官制定了第 20/2006 号行政法规《学费津贴制度》，对在私立学校就读正规教育各阶段但未受到免费教育优惠，且属于澳门特区居民的学生发放学费津贴。该法规的津贴金额随着社会发展水平和消费水平的变化在逐年调整。《学费津贴制度》共 8 条，分别规定了该制度的适用情形、范围、津贴的管理、津贴金额、支付方式、账目校正等实体性内容，以及废止性、生效和实施的程序性内容。

另一项具体规定是第 29/2009 号行政法规《书簿津贴制度》。该法规根据《基本法》第 50 条第（五）项制定，规定书簿津贴的发放制度。法规共 7 条，具体规定了书簿津贴的适用范围、津贴的管理、津贴的金额、支付方式、账目校正的内容。

三　《课程框架》与《基本学力要求》

第 15/2014 号行政法规《课程框架》是根据《基本法》第 55 条第（五）项和《纲要法》第 22 条第二款的规定所制定的补充性行政法规。本法规订立了本地学制正规教育的幼儿教育、小学教育、初中教育以及高中教育各阶段的课程框架。全文共 16 条，分别规定了课程框架的适用范围、相关概念的定义，如"正规教育课程框架""半学日""一学日"等，幼儿、小学、初中及高中的课程发展准则、学习领域及科目，学校年度及教育与教学活动时间、余暇活动、学校的课程开放、学习辅助措施、课程设置中教师的安排与组织、学校课程评核等内容。这是一部关键的法规,规定了澳门中小学教育的教学计划。

第 10/2015 号行政法规《基本学力要求》是另一项补充性行政法规,根据《基本法》第 55 条第(五)项和《纲要法》第 22 条第二款的规定所制定,规定了本地学制下幼儿、中小学的基本学力要求,是对澳门多元化、公私办学并存、私校为主导的教育现状进行的规范。法规共 8 条,规定了基本学力要求的定义,即是由政府订立的、要求学生在完成各教育阶段的学习后应当具备的基本素养,包括基本的知识、技能、能力、情感、态度及价值观。基本学力要求作为管理及评核课程、编写及选用教材、指导及规范教学、评估学校教学质量、保证学生基本能力的标准,对中小学教育的发展而言意义重大。这部法规规定了基本学力要求的架构及其订立原则、各个阶段基本学力的具体要求,基本学力要求分为基本理念、课程目标和各学习领域基本学力要求的具体内容。在不同阶段,基本学力要求按照不同课程和科目来具体订立。不同时期幼儿、小学、中学和阶段的基本学力要求具体内容由监督教育范畴的司长以公布《澳门特别行政区公报》的批示按序订立。

四 《职程》与《私框》

教师和教育机构工作人员是澳门中小学教育中的重要主体,特别是教师这一群体,掌握了将制度和政策转化为教学实践的权利,是整个教育系统中最具决定性的一环,他们自身的素质、资格、教学理念、教学方式等因素,都会影响到受教育者的学习和成长。《非高等教育公立学校教师及教学助理员职程制度》(简称《职程》)是对公立教育机构教职人员制度的规定,《非高等教育私立学校教学人员制度框架》(简称《私框》)是对私立教育机构教学人员制度安排,是澳门教育史上第一部对私校教学人员制度系统化、统一化规制的法律。

以《基本法》第 70 条第（一）项为依据制定的第 12/2010 号法律《职程》规定了非高等教育中的公立学校教师及教学助理员的特别职程制度。这部法律规定了教师的职称、架构和薪俸，职务内容，并特别确定了教师的学术和教学自主权，入职资格以及特别要件，教师的晋升因素以及晋升程序，教学助理员的职称、架构、薪俸、职务内容、入职、晋阶等。法律规定了开考属于招聘及甄选教师及教学助理员的正常及必要程序，但同时也规定了内部特别开考制度，具备相应资格的教师可以投考进入上级教师职称的相对应职阶。对于特别招聘条件和禁止招聘的情形该法都有规定。在过渡规定中，确立了教师的转入、晋阶的特别程序，以及教学助理员的转入制度。

第 3/2012 号法律《私框》是立法会根据《基本法》第 70 条第（一）项制定的法律，目的在于提升教学人员的专业素质和职业保障，以建立一支优秀的教学人员队伍，保障非高等教育私立学校的教育效能。

《私框》首先对法律目的、相关定义进行了规定，确立了教学人员的权利和义务，并分别介绍了校长、管理人员以及教师的职务、任职标准以及任职要件的审核。《私框》规定对教学人员实施职级制度，并规定了具体的晋级标准和程序，以及提前晋级的情形和晋级的特别制度。在评核制度中，设置了教学人员评核的目的、准则以及一般原则、质量评语、评核的期间，并特别规定了对校长和其他中高层管理人员的评核制度。《私框》对工作时间、年假、假日与缺勤、报酬与福利做了细致规定。

第九章对专业发展进行专章规定。专业发展是澳门中小学教学人员制度中的全新内容，旨在提高教学人员的专业素质，促进中小学教育质量的提升。澳门教青局和学校都应当为教学人员的专业发展提供必要的条件与资源，教学人员有义务进行自身的专业发展规划。法律进一步对专业发展的形式、发展活动的审核、专业发展津贴予以规定。

第十章规定了教学人员专业委员会。其职权、组成、成员的委任、丧失委任的情形、主席的职权以及副主席和成员、秘书的职权、运作等内容都有专门规定。

此外，第十一章规定了教学人员的登记制度，具体涉及登记的性质、资料的更新、登记申请的审核、登记效力等内容。第十二章规定了对职级审核和个人资料的处理，以及对私立学校的违法行为的处罚制度。第十三章的过渡规定中，明确了现职教学人员的职级、继续任职、重新任职等内容。

《私框》第73条规定，当本法未有特别规定事宜且不与本法相抵触的情况下，适用第7/2008号法律《劳动关系法》。

五　《私立教育的机构通则》

规定私立教育机构的设置、运营、管理、评核等制度的法律法规为第38/93/M号法令《私立教育的机构通则》和第63/93/M号法令《会计格式》。

《私立教育的机构通则》订立了从事非高等教育的私立教育机构的通则，效力及于私人实体以任何教育模式进行教育及教学的场所，通则规范了私立教育机构的成立与运行，也保障了教学质量和水平。第二章对设立环节规定了办学主体资格、许可主体、办学要件、审查、执照内容及颁发、所办教学机构的章程进行了规定。第三章规定了私立教育机构的组织、运作与关闭，具体包括组织结构、持有执照的实体、校长及其权限、教学领导机关及其权限、行政领导机关及其权限、运作与关闭的程序要求。第四章规定了教学人员、非教学人员与学生的相关事项，包括教学人员的资格、任用、法律关系适用、对学生的管理、教学、考评、社会福利及保健、个人档案的保存与更新。第六章规定了对私立教育机构的财政资助、学费的确定。第七章规定了行政机关对私立教育机构的监督与检查制度。

《会计格式》以澳门地区的企业会计制度为基础，并结合非营利私立教育机构本身具备的条件制定出来，目的在于通过提交账目反映非营利性私立教育机构的实际财政情况，反映行政机关发放津贴的具体安排，保障政府向非营利性私立教育机构按平衡原则和公正标准发放津贴。具体会计格式要求包括资产负债表、损益表、账目编号、部分账目内容的注解、摊销及重置之年百分率表。

六 《教育发展基金制度》与《非高等教育委员会的组织及运作》

根据《基本法》第 55 条第（五）项、《纲要法》第 48 条第六款以及第 53 条的规定，行政长官制定了第 16/2007 号行政法规《教育发展基金制度》。该法规确立了教育发展基金的性质，即享有行政、财政及财产自治权的公法人，附属于澳门教青局而运作，其职责在于通过无偿资助与优惠信贷，支持和推动在非高等教育领域内展开各类具有发展新的教育计划和活动。教育发展基金由社会文化司司长进行监督，第 3 条规定了司长的职权。教育发展基金的管理主体为行政管理委员会，第 4—8 条分别规定了行政管理委员会的构成、职权、主席的职权、运作以及成员的报酬。第 9 条规定了教青局对教育发展基金的行政援助与技术援助，监督审核有关财政援助的申请并发表意见。该法规还规定了教育发展资金的财政运作、账户管理、预算与会计规则、发放财政援助的程序，第 15—18 条对违法行为和相应处罚做出了规定。

第 82/2008 号行政长官批示《教育发展基金财政援助发放规

章》，是根据上述行政法规第 14 条所做出，旨在规范教育发展基金财政援助的发放过程，使得适格的在非高等教育领域内推动具有发展性的教育活动的不牟私利教育机构、自然人、法人能够按照法定程序获得财政援助。

第 17/2010 号行政法规《非高等教育委员会的组织及运作》旨在汇集社会各界力量，并通过其参与、协调、合作与检讨，对非高等教育范畴的施政方针、政策、法规草案的制定、跟进及评核提出建议，并确定了非高等教育委员会的组织架构及权限、运作方式等。

第 三 章

澳门中小学教育制度及实践

第一节　办学制度

一　公私二元格局

第 9/2006 号法律《纲要法》第 32 条第二款明确规定："教育机构按办学实体属公共或私人性质，分为公立和私立两类；公立教育机构的办学实体为政府，私立教育机构的办学实体为私人实体。"该法第 36 条进一步规定："一、学校系统由公立学校和私立学校组成。二、实施正规教育的公立学校和提供免费教育的私立学校，组成免费教育学校系统……四、不牟利的本地学制私立学校，方可申请加入免费教育学校系统。"澳门特区教青局最新统计数据显示（详见表 3—1①），2016/2017 学年澳门正规教育系统中的中小学校共计 70 所，其中，公立学校有 9 所，私立学校有 61 所，教会学校有 27 所，提供特殊教育的学校有 3 所，开设职业技术教育课程的学校有 8 所，属免费教育学校系统的私立中小学校有 54 所。② 也就

---

① 澳门学校资料参见 2018 年 1 月 6 日，澳门特区教育暨青年局网站（http：//portal. dsej. gov. mo/webdsejspace/internet/Inter_main_page. jsp？id = 8301）。

② 各类学校和教育阶段的学校数，统计日期：2016 年 11 月 26 日。2018 年 1 月 6 日，澳门特区政府教育暨青年局网站（http：//portal. dsej. gov. mo/webdsejspace/internet/Inter_main_page. jsp？id = 8525&langsel = C）。

是说，2016/2017 学年私立中小学校占全部中小学校的 87.1%，实行免费教育的中小学校占全部中小学校的 90%，私立中小学校中有 88.5% 实行免费教育。而自 2007/2008 学年起，澳门特区已开始全面实施十五年免费教育，免费教育经费几乎全部由政府承担。这明显体现出澳门特区中小学教育"公费私办""私校公助"的特征。

表 3—1   2016/2017 学年澳门正规教育系统中的中小学校

办学实体	办学实体性质	学校名称	学校系统	免费教育阶段	教学语文
	公共	二龙喉中葡小学	公立学校		中葡
	公共	中葡职业技术学校	公立学校		
	公共	北区中葡小学	公立学校		
	公共	何东中葡小学	公立学校		
	公共	高美士中葡中学	公立学校		中葡
	公共	路环中葡学校	公立学校		
	公共	郑观应公立学校	公立学校		
澳门文化局	公共	澳门演艺学院	公立学校		
	公共	氹仔中葡学校	公立学校		
天主教澳门教区	私人（宗教团体）	圣玫瑰学校	免费教育系统的私立学校	幼小初	
天主教澳门教区	私人（宗教团体）	圣保禄学校	免费教育系统的私立学校	幼小初高	

办学实体	办学实体性质	学校名称	学校系统	免费教育阶段	教学语文
天主教澳门教区	私人（宗教团体）	圣善学校	免费教育系统的私立学校	幼小	
天主教澳门教区	私人（宗教团体）	圣德兰学校	免费教育系统的私立学校	幼小	
天主教澳门教区	私人（宗教团体）	玛大肋纳嘉诺撒学校	免费教育系统的私立学校	幼小	
鲍思高慈幼会	私人（宗教团体）	慈幼中学	免费教育系统的私立学校	小初高	英
鲍思高慈幼会	私人（宗教团体）	粤华中学	免费教育系统的私立学校	初高	中英
鲍思高慈幼会	私人（宗教团体）	雷鸣道主教纪念学校	免费教育系统的私立学校	小初	
鲍思高慈幼会	私人（宗教团体）	鲍思高粤华小学	免费教育系统的私立学校	小	中英
母佑会	私人（宗教团体）	九澳圣若瑟学校	免费教育系统的私立学校	幼小	
母佑会	私人（宗教团体）	陈瑞祺永援中学	免费教育系统的私立学校	小初高	英
母佑会	私人（宗教团体）	圣玛沙利罗学校	免费教育系统的私立学校	幼小	
耶稣会	私人（宗教团体）	利玛窦中学	免费教育系统的私立学校	幼小初高	
耶稣会	私人（宗教团体）	海星中学	免费教育系统的私立学校	幼小初高	
玛利亚方济各传教修会	私人（宗教团体）	圣罗撒女子中学中文部	免费教育系统的私立学校	幼小初高	
玛利亚方济各传教修会	私人（宗教团体）	圣罗撒英文中学	免费教育系统的私立学校	小初高	英

续表

办学实体	办学实体性质	学校名称	学校系统	免费教育阶段	教学语文
嘉诺撒仁爱女修会	私人（宗教团体）	嘉诺撒圣心中学	免费教育系统的私立学校	幼小初高	
嘉诺撒仁爱女修会	私人（宗教团体）	嘉诺撒圣心英文中学	免费教育系统的私立学校	小初高	英
圣公会澳门蔡高中学	私人（宗教团体）	圣公会（澳门）蔡高中学	免费教育系统的私立学校	幼小初高	
圣公会澳门蔡高中学	私人（宗教团体）	圣公会中学（澳门）	免费教育系统的私立学校	幼小	英
下环浸信会	私人（宗教团体）	下环浸会学校	免费教育系统的私立学校	幼小	
天神之后传教女修会	私人（宗教团体）	化地玛圣母女子学校	免费教育系统的私立学校	幼小初高	
沙梨头浸信会	私人（宗教团体）	沙梨头浸信学校	免费教育系统的私立学校	幼小	
玫瑰道明传教修女会	私人（宗教团体）	圣家学校	免费教育系统的私立学校	幼小	
基督复临安息日会	私人（宗教团体）	澳门三育中学	免费教育系统的私立学校	幼小初高	中英
澳门第一浸信会	私人（宗教团体）	澳门浸信中学	免费教育系统的私立学校	幼小初高	
莲峰庙	私人（宗教团体）	莲峰普济学校	免费教育系统的私立学校	幼小	
澳门明爱	私人（非宗教团体）	庇道学校	免费教育系统的私立学校	小初高	中英
澳门明爱	私人（非宗教团体）	明爱学校	免费教育系统的私立学校	特教	
澳门工会联合总会	私人（非宗教团体）	劳工子弟学校	免费教育系统的私立学校	幼小初高	

办学实体	办学实体性质	学校名称	学校系统	免费教育阶段	教学语文
澳门工会联合总会	私人（非宗教团体）	澳门工联职业技术中学	免费教育系统的私立学校	初高	
同善堂	私人（非宗教团体）	同善堂中学	免费教育系统的私立学校	幼小初高	
沙梨头土地庙慈善会	私人（非宗教团体）	沙梨头坊众学校	免费教育系统的私立学校	幼小	
协同福利教育总会	私人（非宗教团体）	协同特殊教育学校	免费教育系统的私立学校	特教	
澳门东南教育促进会	私人（非宗教团体）	东南学校	免费教育系统的私立学校	幼小初高	
澳门中华总商会	私人（非宗教团体）	青洲小学	免费教育系统的私立学校	幼小	
澳门渔民互助会	私人（非宗教团体）	海晖学校	免费教育系统的私立学校	幼小	
潮州同乡会	私人（非宗教团体）	培华中学	免费教育系统的私立学校	幼小初高	
澳门培道学校教育协进会	私人（非宗教团体）	培道中学	免费教育系统的私立学校	幼小初高	
澳门妇女联合总会	私人（非宗教团体）	妇联学校	免费教育系统的私立学校	幼小	
教业中学教育协进会	私人（非宗教团体）	教业中学	免费教育系统的私立学校	幼小初高	
澳门弱智人士服务协会	私人（非宗教团体）	启智学校	免费教育系统的私立学校	特教	
澳门菜农合群社	私人（非宗教团体）	菜农子弟学校	免费教育系统的私立学校	幼小初高	
澳门蔡氏教育文化基金会	私人（非宗教团体）	新华学校	免费教育系统的私立学校	幼小初高	

办学实体	办学实体性质	学校名称	学校系统	免费教育阶段	教学语文
福建学校校董会	私人（非宗教团体）	福建学校	免费教育系统的私立学校	幼小	
澳门广大中学教育协进会	私人（非宗教团体）	广大中学	免费教育系统的私立学校	幼小初高	
澳门德明学校教育协进会	私人（非宗教团体）	德明学校	免费教育系统的私立学校	幼小	
澳门中德中学校友会	私人（非宗教团体）	澳门中德学校	免费教育系统的私立学校	幼小	
澳大附属学校协会	私人（非宗教团体）	澳门大学附属应用学校	免费教育系统的私立学校	幼小初高	
澳门街坊会联合总会	私人（非宗教团体）	澳门坊众学校	免费教育系统的私立学校	幼小初高	
澳门岭南教育发展会	私人（非宗教团体）	岭南中学	免费教育系统的私立学校	幼小初高	
澳门濠江中学教育协进会	私人（非宗教团体）	濠江中学	免费教育系统的私立学校	幼小初高	
镜湖医院慈善会	私人（非宗教团体）	镜平学校	免费教育系统的私立学校	幼小初高	
澳门氹仔坊众教育促进会	私人（非宗教团体）	氹仔坊众学校	免费教育系统的私立学校	幼小初高	
母佑会	私人（宗教团体）	陈瑞祺永援中学（分校）	非免费教育学校系统的私立学校		
天主教澳门教区	私人（宗教团体）	圣若瑟教区中学	非免费教育学校系统的私立学校		
天主教澳门教区	私人（宗教团体）	圣若瑟教区中学第五校	非免费教育学校系统的私立学校		中英
澳门培正中学教育协进会	私人（非宗教团体）	培正中学	非免费教育学校系统的私立学校		

续表

办学实体	办学实体性质	学校名称	学校系统	免费教育阶段	教学语文
澳门科技大学基金会	私人（非宗教团体）	澳门国际学校	非免费教育学校系统的私立学校		英
澳门葡文学校基金会	私人（非宗教团体）	澳门葡文学校	非免费教育学校系统的私立学校		葡
巴迪基金会	私人（非宗教团体）	联国学校	非免费教育学校系统的私立学校		英

澳门特区的中小学教育机构以私立为主，有其深厚的历史渊源。澳门学校最初起源于西方传教士开设的教会学校，早期主要面向葡籍教徒，华人接受教育的场所主要是传统的私塾、书屋、社学等。澳葡时期，葡萄牙人对澳门的统治政策是最大限度地压制澳门而非发展澳门，所以澳葡政府对当地华人教育的发展不闻不问。直到 19 世纪中后期，才兴办了一些官办学校，但主要是接收葡国儿童入学，只有极少数华人儿童就读。澳门本土的华人教育长期以来都是由爱国人士和社会团体兴办，尤其官办学校的出现和发展，使得教会学校开始招收华人，并逐步向私立学校的方向发展；辛亥革命后，许多传统私塾、书屋改成新式学堂、学校。直至 20 世纪 20 年代，教会学校和华人举办的新式学校构成了澳门最初的私立学校体系，澳门教育体系中公立、私立的二元格局随之形成。[①] 彼时，私立教育机构完全自主生存和发展，还一直受到澳葡政府的阻碍。1966 年爆发的"一二·三"事件是澳门华人对澳葡政府血腥暴行的反抗，事件之后澳葡政府接受了澳门华人代表提出的全部六项要求，包括澳门华人自主办学的要求。1987 年《中葡联合声明》签

---

① 参见刘羡冰《澳门教育史》，人民教育出版社 1999 年版，第 60—97 页。转引自王凌光《非高等教育领域之私校公助——教育民营化的澳门经验》，《行政法学研究》2013 年第 3 期，第 110 页。

署之后，澳葡政府于 1991 年颁布了第 11/91/M 号法律《澳门教育制度》，该法第 6 条确立了免费基础教育制度（ensino básico e gratuito）。但葡萄牙政府资源匮乏，实际上并无能力承担公立学校（escolas oficiais）和受资助私立学校（escolas particulares subsidiadas）的免费教育，同时，办学团体也不再愿意屈从于澳葡政府，于是决定保持私立学校办学的自主权，这个传统也延续到《基本法》（第 121—122 条）和《纲要法》当中。澳门特区政府中小学教育的基本政策方向是发展多元的学校系统，通过资助及其他各种途径鼓励学校在办学理念、课程重点和教学模式上形成自己的特点和风格，以便让学生有多样的选择，为社会培养多元的优秀人才。[①]

随着私立学校的社会责任受到越来越多的重视，它们实际上已不再专属于个人或者社团。尤其是教会学校，作为澳门教育的一大特色，与个人或非宗教团体创办的私立学校又有所不同，它们百花齐放、互不干涉。就目前来看，在澳门中小学教育事业中崭露头角的多为教会学校，它们更为重视全人教育，应当继续保留和发扬光大。

二 私立学校与政府之间的关系

（一）私立学校与政府之间关系的发展历程[②]

澳门私立学校与政府之间关系的发展，大体可以以 1977 年第 11/77/M 号法律《给予不牟利教育事业以适当扶助》的颁布、1991 年第 11/91/M 号法律《澳门教育制度》的颁布和 1999 年澳门回归为分界线，分为以下四个阶段：

---

① 《非高等教育十年规划（2011—2020）》，澳门特别行政区《二〇一二年财政年度施政报告》附录五，第 123 页。

② 参见王凌光《非高等教育领域之私校公助——教育民营化的澳门经验》，《行政法学研究》2013 年第 3 期，第 110—111 页。

1. 1977 年以前

澳葡政府对私立学校既不进行经费资助，也不进行管理，各私立学校及其办学团体拥有完全的办学自主权。澳葡政府不承认私立学校颁发的文凭，私立学校的毕业生无法进入政府部门工作。但因官办学校强制开展葡语教育，绝大多数华人家长还是选择将孩子送到私立学校。

2. 1977—1991 年

20 世纪 70 年代后，由于办学成本的提高，许多私立学校面临严峻的考验，加上澳门经济的发展，民众提高了对教育品质的要求。在这种情况下，澳葡政府不得不改变对私立学校的管理策略，开始有意识地考虑华人社会的教育问题，并逐渐开始对私立学校进行资助，从而通过了第 11/77/M 号法律《给予不牟利教育事业以适当扶助》。它是第一部政府对私立学校进行资助和管理的法规，但与政府对官办学校的投入还是存在很大差距。首先，该法规定只对不牟利（免收学杂费）且教授葡语的私立学校提供扶助。其次，该法对不牟利的定义之一是免收学杂费，但澳葡政府给予私立学校的津贴并不能满足日常开支需要。再次，该法没有规定政府检查学校财政账目的依据和原则，实际上并没有对牟利与非牟利学校进行有效区分，几乎所有私立学校都得到了不同额度的资助，而且政府并不能对学校的经费使用进行有效的监督。

总的来说，在这一阶段，澳葡政府以福利津贴的方式对私立学校予以补助，这一定程度上满足了澳门私立学校发展的需要，但其主要目的还是在于推行葡语教育，是澳葡政府殖民文化的体现，因而遭到了澳门私立学校的反对。

3. 1991—1999 年

1991 年《澳门教育制度》的颁布，首次明确在澳门推行十年普及免费教育。但澳葡政府直到 1995 年才颁布第 19/95/M 号法令

《普及和倾向免费教育》,除了要求接受资助的私立学校承诺不牟利,还要求其加入政府的公共教育网路,并承担一定义务。所谓"倾向免费教育"是指分阶段进行免费教育,第一阶段的免费教育包括小学预备班和小学 6 个年级。1997 年澳葡政府通过了第 34/97/M 号法令,将免费教育阶段扩展到初中。但过渡时期澳葡政府的教育政策未能全部落实,特别是非公共教育网路的学生应该得到学费津贴的承诺一直未能兑现。

4. 2000 年至今

澳门特区政府成立后,第 242/2000 号行政长官批示核准对就读于未加入公共教育网路的私立学校的学生发放学费津贴,标志着澳门政府的免费教育政策惠及所有澳门学生。随后几年,澳门特区的免费教育津贴不断提高,免费教育期限延长,教育资助方式多样化;逐渐推动倾向免费教育走向全面免费教育。2006 年《纲要法》宣布澳门实施 15 年免费教育计划,并重新调整了免费教育津贴制度,确定成立教育发展基金,成为当前澳门私立学校接受资助的根本法律。

(二) 私立学校的自主权

澳门的教育传统历来比较强调该领域各相关参与者的自由,尤其是办学者的自由。《纲要法》第 35 条明确授予公立学校和私立学校以教学自主权,而私立学校除教学自主权之外,还享有行政自主权和财政自主权。澳门特区政府在《非高等教育发展十年规划(2011—2020)》(以下简称《十年规划》) 中声明改进对教育的领导和学校的内部管理,并重申了私立学校的三大自主权。[①] 由此,私立学校在不违反法律规范且不妨碍监管部门行使职权的前提下,不仅可以自主设置课程、选用教材,还可以自主聘用教学人员、决

----

① 《非高等教育十年规划 (2011—2020)》,澳门特别行政区《二〇一二年财政年度施政报告》附录五,第 129 页。

定其薪资待遇，自主使用政府拨付的教育资金。

（三）政府对私立学校的监管

在公共教育系统中，政府、市场与学校的关系是一个至关重要的问题，直接影响着教育的公正。市场的作用在澳门的教育领域一直就存在，而且私立学校所占比例达到了90%以上。市场导向是一把"双刃剑"，一方面可以增强教育制度的灵活性、多样性和自主性，扩大消费者的选择权，满足不同消费者的不同需要，提高学校办学的绩效责任意识和效率，培植一种崇尚竞争、不断进取的企业精神，尤其可以大大减轻政府投资教育的沉重负担；但另一方面，它可能加重社会的不公正现象，扩大强势群体与弱势群体之间的差距，甚至导致某种程度的社会分裂。[①]为此，澳葡政府通过了第38/93/M号法令《私立教育机构通则》，对私立学校的设立、组织、运作和关闭，私立学校的人员和学生，以及政府对私立学校的资助和检查，都进行了规定，并沿用至今。

《基本法》规定澳门居民有从事教育活动的自由，十分重视保护居民、学校、学生和社会团体的教育自由。虽然法律明文规定了私立学校的极大自主性，但是私立学校从事办学活动不得违反基本法，不得妨害教育过程中的其他参与者的权利与自由。澳门特区的中小学教育制度必须促进教育民主，包括教育决策的民主参与，以及学校层面校政的多元参与。[②]

1. 经费监管

由于私立学校享有行政和财政自主权，对私立学校进行有效的监管就成为政府施政的重点环节。《十年规划》中明确指出政府要加强对学校教育经费使用的管理和监督；要求学校为所有教学人员

---

①　［英］Geoff Whitty、Sally Power、David Halpin：《教育中的放权与择校：学校、政府和市场》，马忠虎译，教育科学出版社2003年版，第3—4页。转引自郭晓明《回归以来澳门教育制度的变革》，《全球教育展望》2009年第5期，第69—70页。

②　郭晓明：《回归以来澳门教育制度的变革》，《全球教育展望》2009年第5期，第69页。

设立公积金；要求不牟利本地学制的私立学校每年用于教学人员薪酬和公积金的支出达到学校固定及长期收入的 70% 或以上。① 现阶段，学校自主权已得到规范管理，多方充分参与学校管理；全澳私立学校已为教学人员设立公积金制度，保障教师退休后的生活水平。② 但是，除了《纲要法》第 47 条的原则性规定和第 19/2006 号行政法规《免费教育津贴制度》、第 20/2006 号行政法规《学费津贴制度》之外，在教育经费管理的具体操作上，澳门特区仍沿用回归前澳葡政府制定的《会计格式》（第 63/93/M 号法令），已无法满足现时监管需要。私立学校财务的监管问题涉及政府、教学人员、学生、家长等各方利益，是整个制度设计与调整的重点，《十年规划》中提出要在"2015 年完成私立学校会计制度的修订"③，但至今尚未完成。

教育经费的使用兼顾公平和效率，也是澳门特区政府未来施政的一个关注点。以香港特区的津贴学校为例，特区政府是根据学校的教育规模来发放相应津贴，即按照学校合资格学生计算政府津贴，而澳门特区尚无配套法律制度支持。澳门特区政府要注重公立学校和私立学校资源投放的共同点和差异，要给予资源和政策引导，让每所学校都可以有特色地发展。

2. 学校评鉴

澳门特区的中小学教育机构以私立学校为主体，学校的教材和课程安排基本都由学校自行决策，中小学教育虽设有统一的教育目标、学制，但课程标准及其评价体系均有待进一步发展，要继续加

---

① 《非高等教育十年规划（2011—2020）》，澳门特别行政区《二〇一二年财政年度施政报告》附录五，第 126 页。

② 《〈非高等教育发展十年规划〉中期评估》，教育部教育发展研究中心评估组，2016 年 10 月，第 12—13 页。

③ 《非高等教育十年规划（2011—2020）》，澳门特别行政区《二〇一二年财政年度施政报告》附录五，第 130 页。

强教育督导与评鉴，构建系统的教育评价体系。

关于私立学校管理的政策方向，澳门特区政府将继续增加经费支持，同时全力推进私立学校通则的修订工作，强化学校设立、办学条件、学校管理、师资水准、课程要求等各方面的必要监管，并考虑新的学校类型的可能性；特别是要通过量变促使质变，把教育经费的大量投入转化为教育品质的大幅提升。2018 年将以先导计划的方式推行"以学校自评为核心，结合外评"的学校综合评鉴新模式，2020 年起逐步推广至所有学校。①

（四）政府对私立学校的引导

从澳门特区的教育实践经验来看，中小学教育应当达到标准化、制度化的目标，以提升全澳教学水平，增强澳门学生的国际竞争力。澳门特区的有识之士已经看到，澳门未来的发展"北望中华"，特别是在国家着力推进大湾区建设的背景下，澳门一定要与内地接轨，培养具有竞争力的人才，才能助力澳门的可持续发展。但在中小学教育"公费私办"和私立学校享有极大自主权的大背景下，政府只能加强对私立学校的政策引导。例如，在原有教育经费投放机制之外设立教育发展基金（2016/2017 学年共发放 74 亿澳门元），目的在于改进特区政府教育经费的使用方式，支持教育的发展；以及通过给学校提供专项教育资助，推动澳门教育的优先发展事项。②《十年规划》明确指出，在保证经济发展、财政稳健的基础上，政府每年的财政预算优先安排非高等教育财政投入有一定的增长比例；通过分阶段财政拨备，有步骤地增加教育发展基金的规模，充分发挥其教育经费的储备与调节功能，强化其对非高等教育发展的政策引导和财政扶持作用。③

---

① 《澳门特别行政区五年发展规划（2016—2020）》，2016 年 9 月，第 52 页。

② 郭晓明：《回归以来澳门教育制度的变革》，《全球教育展望》2009 年第 5 期，第 70 页。

③ 《非高等教育十年规划（2011—2020）》，澳门特别行政区《二〇一二年财政年度施政报告》附录五，第 126 页。

特区政府根据《纲要法》第 48 条的规定订定第 16/2007 号行政法规《教育发展基金制度》，设立"教育发展基金"；又通过第82/2008 号行政长官批示《核准〈教育发展基金财政援助发放规章〉》，投入 14 亿澳门元启动金。根据上述法例的规定，教育发展基金是附属于教青局而运作的享有行政、财政和财产自治权的公法人；资金来自政府拨款，本地或外地公私实体的津贴、拨款、捐赠、遗产、遗赠或赠与，等等；凡是不牟利的教育机构都可以申请，不以加入公共教育网路为要件；资助方案主要用于举办教育活动、购置设备及教材、教育设施的兴建与维护，旨在支援和推动在非高等教育领域内开展各类具发展性的教育计划和活动。教育发展基金由五名成员组成的行政管理委员会管理，主席为教青局局长，现任其他成员为两名教青局副局长、一名财政局代表和一名社会文化司司长办公室代表；受社会文化司司长监督。学校可按需向教育发展基金申请无偿资助或优惠信贷，由行政管理委员会决定，倘若申请金额超过行政管理委员会职权范围内的法定金额，则须上报社会文化司司长审核。

但无论如何，政府仍需听取各个学校的意见，这势必阻碍政策的推进。所以现阶段，政府主要是推行一些宏观政策，要求学校"按照'提升自身特色'和'满足社会需要'的原则，规划自身发展"①，同时依靠"教育发展基金"等鼓励性措施的引导。

三　社会团体在办学中的作用

（一）作为办学实体

澳门特区的私立中小学校都是由各类社会团体（包括教会、慈善组织、工会、商会、基金会等）创办的。对此，《十年规划》要

---

① 《非高等教育十年规划（2011—2020）》，澳门特别行政区《二〇一二年财政年度施政报告》附录五，第 129 页。

求政府依法规范学校办学的行为，形成政府与办校团体间权责明确、统筹协调、规范有序的办学体制，增强学校办学活力。[①]

《纲要法》第 38 条规定办学实体须为学校设立校董会。所有学校必须设立校董会，为学校管理的多元参与提供制度保证。校董会虽由办学实体负责筹组，但成员可包括办学实体代表，也有校长、教学人员代表、家长代表和其他社会人士。校董会作为学校决策的最高权力机构，可以使学校的管理与发展建立在广泛的民意之上。

（二）作为教育事业的推动力量

还有一些社会团体是作为澳门教育事业的推动力量而存在。这是因为澳门的历史特殊性，学校办学具有自主性，特区政府的教育政策和措施不可能满足全方位利益，也不能仅凭行政手段推行，而民间力量则更具专业性和草根性，可推动政策、措施因地制宜地贯彻落实。例如，中华教育会在澳门回归前就坚持不懈要求澳葡政府承担公共教育，回归后继续积极推动特区政府加大教育投入；每年向特区政府提交教育施政建议书，推动解决各种教育问题，促进澳门教育事业的发展；推派代表参与教育委员会、教学人员专业委员会等政府咨询组织的工作，表达会员和教师的意见和建议；等等。[②]

第二节　教学人员制度

教学人员，特别是教师，是教育发展中最为关键的因素，在教育制度的实施中，教师才是真正掌握教育主动权的主体，教学人员制度在澳门中小学教育制度中的地位举足轻重。经过殖民地时期的

---

① 《非高等教育十年规划（2011—2020）》，澳门特别行政区《二〇一二年财政年度施政报告》附录五，第 129 页。

② 2017 年 5 月 4 日，澳门中华教育会网站（http://www.edum.org.mo/orginfo/about/）。

自主化发展、过渡期的政府初步依法管理，到回归后尤其是 2012 年《私框》的颁布与实施，现行澳门中小学教师制度渐趋完善，构成澳门中小学教育主力军的私立学校教学人员终于进入有法可依的阶段。

一　制度沿革

（一）殖民地时期无制度下的自主发展

殖民地时期，澳葡政府规定官立学校的教师须具备一定的入职资格，没有规定占据澳门基础教育主体的私立学校教师的任职资格，对其放任自流，缺少对师资系统的培养，在这个阶段，澳门教师在社会对教育的需求日益增强的背景下自主发展，形成自生自发的教师教育。[①] 20 世纪 30 年代开始，中学内部相继开设了师范课程（见表 3—2），这些学校开设的师范课程针对的群体要求初中毕业，开设的师范科较多参考本地以外的师范科办学经验，结合澳门本地的实际情况，并不断由简易趋于正规化，课程设置愈加成熟。[②]

表 3—2　　　　　　　　　　澳门教师教育课程[③]

年份	师范课程
1938	协和女子中学幼稚师范课程
1938	执信女子中学附设师范课程
1951	圣若瑟中学简易师范科
1952	濠江中学简易师范班
1953	德明中学幼稚师范科
1965	官立葡文小学师范学校

[①]　参见张红峰《澳门教师教育的发展历程研究》，《教师教育研究》2015 年第 1 期。

[②]　参见黄素君《澳门教师教育政策制考古及系谱研究》，《华南师范大学学报（社会科学版）》2014 年第 6 期。

[③]　同上。

续表

年份	师范课程
1966	圣约瑟书院中文部特别幼师科
1967	圣公会蔡高中学幼稚园师范班

以上中学开设的师范课程主要培养幼稚园及小学的教师，不能满足中学教师的培训、进修要求，高等教育机构开办师范课程以培训适格教学人员的模式开始实行。1949年前后，内地多所大学迁到澳门，并开设了教育系或者师范课程，如华南大学在澳门的文商学院设置了社会教育系、越海文商学院开办教育学系，1950年中山教育学院开设特别师范夜班、华侨大学设置高等师范科；1985年，澳门教育暨青年司（简称"教青司"）、中华教育会与内地华南师范大学合作设立了教育专业函授专科班。进入过渡期，澳门政府对教学人员重视程度大大提升，1987年东亚大学开办教师专业训练课程，1989年成立了教育学院。[①] 除必要的教师资格教育课程的设置外，在管理、考核、薪酬等其他制度上开启了规范化的统一规制。

（二）过渡期的教学人员制度——逐步法律化、专业化

20世纪90年代，澳葡政府对教师教育及培训开始重点关注，颁布了三部专门法令，即第11/91/M号法令《澳门教育制度》、第48/91/M号法令《订定在官立中文幼稚园及小学教学之合适资格》、第15/96/M号法令《教学人员通则》，对幼稚园、中小学教师资格、教学人员的权利义务、工作条件、教师培训等做了原则性规定，这些法令对澳门教师制度的专业化、规范化起到了重要的保障与推动作用，初步走上依法发展教师制度的轨道。但规制对象仅限于公立学校和已经加入学校网络的私立学校，对于大量的独立私立学校并不适用。

---

① 参见刘羡冰《澳门教育史》，澳门出版协会2007年版，第222页。

教师资格方面，第48/91/M号法令规定，小学教学人员适当学历为：（1）东亚大学（现澳门大学）开办的小学教师培训课程；（2）圣若瑟教区中学的师范课程。随着教师教育体系的完善，第15/96/M号法令规定了一般性的小学教师资格：须具备小学教师培训课程之学历或具备被认为等同之资格。但并未具体说明小学教师应当具备的学历，这表明，虽然学历要求初步走向专业化，但水平仍较低，仅及中等教育和专科教育水准。第15/96/M号法令规定了中等教育教师的资格：须具备中学教师培训课程之学士学位或专科学位，或者具备其他领域的学士学位或专科学位，又或其他被认可的同等资格。

教学人员的权利、义务方面，第15/96/M号法令规定了教学人员的权利，包括：（1）在教育制度、学校、授课及学校与周围环境关系等方面参与教育过程；（2）为担任教育职务，接受培训与取得资讯；（3）接受培训与取得资讯上获得技术、物质及文件上的辅助；（4）获得职业活动的保障。教学人员的义务包括：（1）对教学质量负责；（2）协助建立及发展参与教育过程不同文化之间相互尊重的关系；（3）参与组织及举办教育活动；（4）发展自我培训工具以适应教育要求；（5）参与培训活动，并对其评估；（6）与他人分享本身经验、知识及教材以革新并改善教育质量；（7）协助有需要特殊教育的儿童及青年。

工作条件方面，教学人员工作时数一般为每周36小时，但具体的上课时数由有关私立教学机构自行安排。

《澳门教育制度》中专章规定了教学人员的培训制度，指出了教师培训的基本原则和类型，在此基础上，第41/97/M号法令对非高等教育机构教学人员的培训做出了专门规定。职前培训是对尚未担任教学职务的人员给予教学专业资格培训，课程内容包括个人及公民教育培训，配合未来需要的学术、技术、科技、艺术等培训，教育学，以及由培训机构指导的教学实习。职前培训入学者的最低学历为高中。在职培训针对的是已经担任教学职务但尚未具备教学资格的人，其最低学历要求须具备高中学历，并且从事教学工作至少一年，但该时间可在不同学年累计而得。在职培训的教学实习由培训机构负责，教青司在培训机构的协调下指定具体实施教学实习的非高等教育机构。延续培训以具备教学专业资格的教师为对象，旨在补充、更新和深化已经具备教学专业资格人员的教学职务相关知识、技术和能力，负责延续培训活动的机构有教青司、高等教育机构、官立或私立非高等教育机构、教学专业及学术专业机构以及本地区的其他组织和团体。专门培训是从教学和学术的角度出发，使教师能够在教育制度范畴之内担任特定的职务，培训范围专门化，包括有关专业的特定培训，以及有关专业领域的方法与技术的实践培训。负责专门培训的是设有专门培训单位的高等教育机构。

二　制度概要及现状

回归后，特别是近年来澳门对教育事业的重视与改革，对教学人员群体的关注也随之增多。以 2006 年《纲要法》为基础，其后又颁布两部法律，即第 12/2010 号法律《职程》、第 3/2012 号法律《私框》，对澳门中小学教学人员已有较为全面的法律规范制约，加上澳门政府时刻跟进的政策、行政法规、批示、公报的规制，已初步形成对澳门中小学教学人员在多元化大背景下的较为统一的制度，具体包括对教学人员的任职、权利与义务、职级与晋升、评核、薪酬、专业发展与培训等。图 3—1 反映了 2000 年以来澳门中小学教师人数的变化情况，反映了在重视教育和教师制度构建的时代澳门教师群体人数的增长趋势。

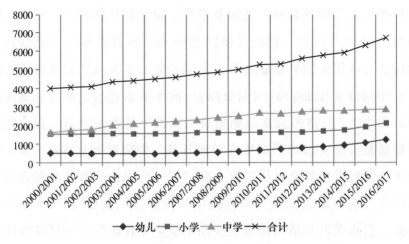

图 3—1 2000 年以来澳门教师人数变化

以 2016/2017 学年统计数据为依据，现任澳门中小学教师总人数为 7596 人，男女教师比例不均衡，女性教师人数达到男性两倍以上。且在年龄分布上，中青年教师数量多，特别是 21—30 岁年龄阶段的青年教师人数最多，达 2103 人，由此可知澳门师资力量中以青年为主力。（见图 3—2）教龄在 5 年以下的教师比例近三分之一，达 2513 人（见图 3—3）。[①]

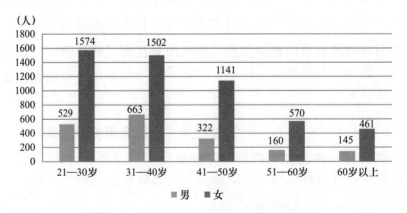

图 3—2 2016—2017 教学年度教师人员分布

---

① 图 3—1、图 3—2、图 3—3 数据来源：澳门教育暨青年局网站。

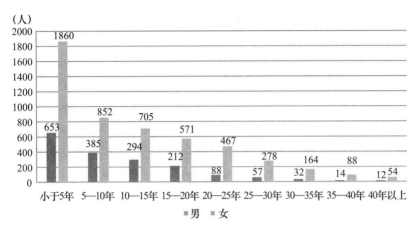

图3—3 2016—2017教学年度教师年资分布

三 任职资格及审查

由于长期以来缺乏对教育的规制，政府对中途兴办的教育常常忽视教师资格的要求。许多中小学教师一般由本地的中学毕业生担任，这些毕业生没有接受过师范训练，尤其是高等师范训练。随着教育事业的发展和教育实践的证明，普遍认为，教师不仅要具备良好的文理知识，还应具备教师职业方面的知识和能力，需要接受教师职业的专门训练，才能适应社会发展对培养合格师资的要求。根据《职程》和《私框》，目前澳门对公立学校教师与教学助理员和私立学校教学人员的任职资格有了一定要求，相较于《教学人员通则》的标准，现行法律对教学人员的学历要求更高。而事实也说明，澳门中小学教学人员中具有学士以上学历的比重逐年增加，教学人员的学历水平在稳步提高（见图3—4）。根据《职程》和《私框》，现行公校、私校的教学人员任职资格规定如下：

（一）公立学校教师及教学助理员任职资格[①]

开考属招聘及甄选教师及教学助理员的正常及必要程序，公立

---

① 参见澳门特区第12/2010号法律《非高等教育公立学校教师及教学助理员职程制度》第5条、第10条。

学校教师及教学助理员的招聘及甄选适用公务人员《职程》的一般规定。

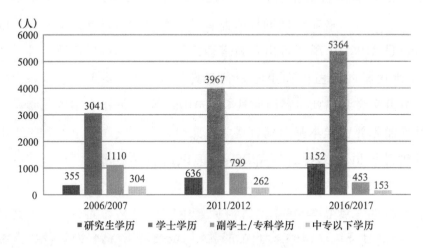

图3—4 澳门中小学教师学历情况①

在公立学校中，中学教师的任职资格需要具备下列中的一项：（1）具有包含师范培训在内的属中学教育范畴且与主要任教学科领域相关的学士学位；（2）具有与主要任教学科领域相关的学士学位，同时具有中学教育范畴的师范培训。如任职小学教育教师，须具备下列任一资格，或具有包含师范培训在内的属小学教育范畴的学士学位；或具有学士学位，同时具有小学教育范畴的师范培训。在公立学校任职教学助理员须具有高中以上学历。

（二）私立学校教学人员任职资格②

在私立学校中，校长的学历不得低于其所任职的学校中任教最高教育阶段的教师须具备的学历。学校其他中、高层管理人员的学历，不得低于其管理的教育阶段的教师须具备的学历。任职校长及

---

① 数据来源：澳门教育暨青年局网站。

② 参见澳门特区第3/2012号法律《非高等教育私立学校教学人员制度框架》第四章。

任职学校其他中、高层管理人员，须在就任前完成相关专业进修，以确保该等人员具备学校领导与发展的专业能力，配合其行政管理、教学管理及财务管理各方面的工作。任职学校教学领导机关的主管人员，须具备下列任一要件：（1）教青局认可的师范培训课程资格，以及第四级或以上职级；（2）由教青局认可的等同上项所述的资历。

任职私立小学教育的教师，须具备以下任一资格：（1）具有包含师范培训在内的属小学教育范畴的高等专科学位或同等或以上学历；（2）具有不包含师范培训在内的高等专科学位或同等或以上学历，但须具备教青局认可的小学教育范畴的师范培训课程资格。任职中学教育的教师，须具备以下任一资格：（1）具有包含师范培训在内的与主要任教学科领域相关的学士学位或同等学力；（2）具有不包含师范培训在内的与主要任教学科领域相关的学士学位或同等学历，但具备教青局认可的师范培训课程资格；（3）具有与主要任教学科领域相关的学士学位或同等学力。

私立学校教学人员任职要件的审核由教青局负责。

四　权利、义务、职务

（一）公立学校教师及教学助理员的职务①

公立学校教师的职务包括教学职务、非教学职务以及个人专业发展。教学职务指制订课程与教学计划（如编写教学大纲、学年教学计划，以及为有特殊需要的学生制订个别化教育计划、根据学生的需要订定教学目标及有利于达到既定教学目标的教学活动及授课计划等）；实施课堂教学（按授课计划齐备所需的教学资源，运用教学技巧，向学生传授知识及技能，激发学生主动学习，促

---

① 参见澳门特区第12/2010号法律《非高等教育公立学校教师及教学助理员职程制度》第4条、第9条。

进课堂互动，协助学生发展多元能力、运用多元方式评估学生的学习成效，辅助有困难的学生）；执行课堂管理（确保学生在安全的教学环境里进行学习活动，营造互助、团结的班级气氛，促进学生主动遵守纪律）；以及实施学生评核。非教学职务指参与学校行政、教学管理、辅导及班务等工作，与学校领导机关合作，完成其指派的任务；关注学生的个人成长，促进学生身心健康的发展，并给予学生心理、升学及就业方面的辅导；推动及参与家校合作的活动和与外界的联系与合作，以促进学校发展。个人专业发展要求教师参与发展教育专业能力的活动，或组织专业交流活动，进行教育研究。

教学助理员具有下列职务：配合学校的发展规划，完成学校指派的工作；了解教师的教学计划与教学活动，协助其完成工作；遵守学校订定的工作指引，对设施设备、教具进行管理和维护；确保学生在安全的环境内进行学习活动；协助教师处理学生的情绪、行为及问题；参与会议，对学校发展或课程计划提出建议；协助教师加强家校合作。

（二）私立学校教学人员的权利、义务及职务[①]

教学人员从事其职业，享有获得相应物质报酬的权利和教学自主权。具体包括：（1）按适用法例取得与其专业地位相应的报酬和福利、免费卫生护理及退休保障；（2）按适用法例享有职业活动上的安全保障，其中包括在职意外和职业病的保障；（3）依法行使教学自主权，开展教育、教学及课程研发活动，指导学生的学习和发展；（4）评定学生学业成绩和品行；（5）对学校的教育、教学和管理工作，以及教青局的政策和工作提出意见及建议；（6）组织和参加专业机构及团体，开展教育研究及参加学术交流活动，发表相

---

① 参见澳门特区第 3/2012 号法律《非高等教育私立学校教学人员制度框架》第二章。

关研究成果及专业意见；（7）参加在职培训、进修课程及其他专业发展活动，并获得所需的资讯、技术、财政及物质上的协助；（8）由学校章程、有关合同条款以及第7/2008号法律所衍生的福利。

教学人员从事其职业的义务体现在法律规范、教学、学生、自身专业发展等方面，具体包括：（1）遵守法规；（2）恪守教学人员专业委员会订定的专业准则；（3）树立良好行为榜样；（4）落实法定的教育目标、课程框架和学生须达到的基本学力要求；（5）组织、举办面向学生的教育活动，特别是所任职学校的教育及教学活动；（6）爱护、尊重和公平对待全体学生，促进学生的全面发展；（7）对教育教学革新持积极的态度，并与教育过程中的其他参与者分享自身的经验；（8）规划自身的专业发展，透过培训、进修等途径不断提升专业素养；（9）协助建立并发展教育过程中不同文化间互相尊重的关系等。

校长的职务表现在教育规划、学校运作等各宏观方面。尤其包括：（1）制定学校的教育规划及确保完成其目标；（2）构思、领导及指引学校的教育活动；（3）建立和完善学校的各项规章制度；（4）领导学校发展规划并监督其实施；（5）统筹、监察及促进学校的行政、训育或辅导、教学等各领导机关的工作；（6）确保学校依法运作，有效地规划和运用各项教育资源，尤其是财政及人力资源；（7）确保学校文件的保存，尤其是学生的注册和报名记录、学校教职员的聘任合同以及财务管理的记录；（8）促进学校和家庭及所在社区的互动与合作。

副校长协助校长领导与管理学校；行政机关管理人员则规划及统筹行政管理、财务管理、人事管理、设备设施管理以及对外关系管理的工作。

教师的职务包括教学职务、非教学职务以及个人专业发展。具体内容与公立学校教师职务相同。

五　职级与晋升

（一）公立学校教师与教师助理员的职级与晋升[①]

公立学校教师设立下列职程：中学教育一级教师、中学教育二级教师、中学教育三级教师、幼儿教育及小学教育一级教师、幼儿教育及小学教育二级教师。职程均设有十一个职阶。

教师职程的晋阶取决于服务时间、工作表现评核、专业发展三个方面。在教师职程内由某一职阶晋升至紧接的较高职阶，在原职阶的服务时间及完成专业发展活动的最低时数须分别符合下列规定，且在该段服务时间内工作表现评核的评语须不低于"满意"：（1）晋升至第二职阶，两年及六十小时；（2）晋升至第三职阶、第四职阶、第五职阶、第六职阶或第七职阶，均为三年及九十小时；（3）晋升至第八职阶、第九职阶、第十职阶或第十一职阶，均为四年及一百二十小时。

教学助理员职程设有八个职阶。不同于教师，在教学助理员职程内由某一职阶晋升至紧接的较高职阶的要求上，只需满足工作时间和工作表现评核的标准。在原职阶的服务时间须符合下列规定，且在该段服务时间内工作表现评核的评语须不低于"满意"：（1）晋升至第二职阶、第三职阶、第四职阶或第五职阶，均为四年；（2）晋升至第六职阶、第七职阶或第八职阶，均为五年。

（二）私立学校教师与教师助理员的职级与晋升[②]

教学人员的职级分为第一级、第二级、第三级、第四级、第五级、第六级（见表3—3）。职级的确定方式为：首次在教青局登记为教学人员者，其起点职级为第六级；但具有学士学位或同等或以

[①]　参见澳门特区第 12/2010 号法律《非高等教育公立学校教师及教学助理员职程制度》第 7 条、第 11 条。

[②]　参见澳门特区第 3/2012 号法律《非高等教育私立学校教学人员制度框架》第五章。

上学力，并具备师范培训课程资格者，首次在教青局登记为教学人员时，其起点职级为第五级。《私框》生效后停止担任教学人员职务者，重新在教青局登记为教学人员时，其职级按停止职务时的职级确定。教学人员的晋级取决于服务时间、工作表现评核和专业发展。

表 3—3　　　　　　　　　《私立学校教学人员晋级条件》①

条件 职级	服务时间	工作表现评核	专业发展（时数）
第一级			
第二级	服务满 7 年	不低于"满意"的评语	至少达 210 小时
第三级	服务满 5 年	不低于"满意"的评语	至少达 150 小时
第四级	服务满 5 年	不低于"满意"的评语	至少达 150 小时
第五级	服务满 3 年	不低于"满意"的评语	至少达 90 小时
第六级	服务满 3 年	不低于"满意"的评语	至少达 90 小时

第六级教学人员在具有学士学位或同等或以上学历以及教青局认可的师范培训课程资格后，可直接晋升至第五级。满足下列所有条件的教学人员可以申请提前晋级：为晋级所需的服务时间尚余一年；在所任职级的工作表现评核取得的评语均为"优异"；在所任职级完成的专业发展活动的时数达到上述要求；有模范专业表现，尤其是：（1）获颁"教育功绩勋章"；（2）获颁授"卓越表现教师"荣誉达两次；（3）取得硕士或博士学位；（4）曾发表重要教育、教学研究成果。

六　工作评核②

对教学人员工作表现评核的目的是确认与完善教学人员的专业

---

① 参见澳门特区第 3/2012 号法律《非高等教育私立学校教学人员制度框架》第五章第 15 条。
② 参见澳门特区第 3/2012 号法律《非高等教育私立学校教学人员制度框架》第六章。

表现，促进教学人员的专业发展，以优化人力资源管理和提高教育质量。工作表现评核对晋级具有重要意义。学校须订定评核规章，并将获办学实体核准的评核规章提交教青局备案。工作表现评核须由一个合议机关进行。在教青局登记的教学人员均须接受工作表现评核。

校长的工作表现评核，由办学实体根据评核规章的规定进行。对学校中、高层管理人员及教师的工作表现评核，学校须成立教学人员评核委员会，按照评核规章负责学校中、高层管理人员及教师的评核工作。教学人员评核委员会由不少于三位教学人员组成，其中非担任学校中、高层管理人员职务的教师所占比例不得少于三分之一。

评核的质量评语表述依次为"优异""十分满意""满意""不大满意"和"不满意"。学校对在工作表现评核中获得"不大满意"和"不满意"的教学人员提供专业支援以改善其能力，尤其是准许其参加专业进修课程和持续培训或其他适当的培训，又或对其职务做出重新调整。

上一学校年度同时符合下列要件的教师将颁授"卓越表现教师"荣誉：（1）工作表现评核结果为"优异"；（2）在教育教学方面表现突出；（3）在专业操守方面表现突出。"卓越表现教师"荣誉，经教学人员专业委员会评审后，由教青局颁授。

七 工作时间、假期、薪酬

（一）公立学校教师及教学助理员的薪酬

公立学校教师的职称和职阶分别有不同的薪俸点，具体情况如表3—4所示：

表3—4　　　　　　　　　　公立学校教师薪酬点①

职程	第一职阶	第二职阶	第三职阶	第四职阶	第五职阶	第六职阶	第七职阶	第八职阶	第九职阶	第十职阶	第十一职阶
中学教育一级教师	440	455	490	515	540	575	615	655	680	720	765
中学教育二级教师	430	455	485	505	525	555	590	625	650	690	735
中学教育三级教师	360	370	385	400	420	440	465	500	530	595	660
小学教育一级教师	440	455	485	505	525	555	590	625	650	690	735
小学教育二级教师	360	370	380	390	405	420	440	470	500	565	630

教学助理员的薪俸点如表3—5所示：

表3—5　　　　　　　公立学校教学助理员的薪俸点②

职程	第一职阶	第二职阶	第三职阶	第四职阶	第五职阶	第六职阶	第七职阶	第八职阶
教学助理员	260	280	300	320	340	360	380	400

---

① 参见澳门特区第12/2010号法律《非高等教育公立学校教师及教学助理员职程制度》附件表一、表二及表三。

② 参见澳门特区第12/2010号法律《非高等教育公立学校教师及教学助理员职程制度》附件表六。

（二）私立学校教学人员的薪酬和工时①

教学人员的工作时间、年假、假日及缺勤受《私框》规范，并对之补充适用第 7/2008 号法律《劳动合同法》。

教学人员由学校安排的正常工作时间，每周为 36 小时。教师的正常工作时间包括正常授课时间和非授课时间。每周正常授课时间为：中学教师 16 至 18 节课、小学教师 18 至 20 节课；在晚上八时至十二时提供的授课视为夜间授课。如教师在同一所学校获分配的每周授课时间兼有日间及夜间的授课，为计算授课时间的效力，夜间授课的时间采用系数 1.5 做计算。担任校长或学校其他中、高层管理职务的教师，可获豁免全部或部分正常授课时间；担任学校安排的与教育相关的非教学工作的教师，可获豁免部分正常授课时间。

教学人员实际服务每满一个学年，可在学年完结后至下一学年开始前享受不少于 22 日的有薪年假。实际服务未满一个学年的教学人员，有薪年假以每实际服务满 1 个月享有 1.5 日计算，余下时间满 15 日亦可享有 1.5 日的有薪年假。年假日数的计算不包括周六、周日及强制性假日。

私立学校教学人员的工资由两部分构成，一部分是学校所发基本工资，另一部分是专业发展津贴。

不牟利私立学校须保证每个学校年度教学人员的报酬及公积金供款支出占学校固定及长期收入的70%或以上。教学人员应获得与其职级相符的基本工资，基本工资应是教学人员报酬的主体部分。学校须保证任教同一教育阶段不同职级的教学人员的月基本工资依次保持适当差幅。第一级教学人员与第六级教学人员的月基本工资之间应有30%或以上的增长。

教学人员提供超时工作及超时授课，有权收取超时工作及超

---

① 参见澳门特区第 3/2012 号法律《非高等教育私立学校教学人员制度框架》第八章。

时授课的正常报酬，以及按第 7/2008 号法律的规定收取额外报酬及享受补偿休息时间。平均每节课的正常报酬按以下公式计算：（Sb × 12）÷（52 × n）（Sb 指该教学人员的月基本工资；n 指学校按照第 31 条的规定所确定的每周授课节数）。

私立学校须为教学人员设立公积金，公积金的供款由学校和教学人员共同承担，学校须订定教学人员公积金章程，并将章程交教青局备案。

八　专业发展与培训[①]

专业发展是教学人员提升自身专业素质的重要途径，也是晋级中的决定因素。教青局和学校为教学人员的专业发展提供必要的条件和资源，教学人员配合澳门特区教育和学校发展的需求及其本人的情况，对自身专业方面的持续发展做出规划。教学人员的专业发展可通过参与培训、自主学习、研究和实践等多种途径，以灵活的方式进行。脱产进修、休教进修及校本培训均是在职培训的重要方式。教学人员的专业发展以时数表述。

《私框》的出台与澳门教师教育中的职前及在职培训紧密相连，也使得澳门中小学教师的培养形式和资格以法律的形式呈现出来。以澳门大学为例，目前澳大教育学院的各类教师教育课程已经形成多层次、全方位、学历培养与资格培养相结合的体系，如表 3—6 所示：

表 3—6　　　　　　　　　澳门大学教育学院课程[②]

	课程/专业	目标	期限
博士学位	教育学专业	培养教育学理论与实务的高级研究人才	3 年

---

① 参见澳门特区第 3/2012 号法律《非高等教育私立学校教学人员制度框架》第九章。

② 资料来源：《澳门大学教育学院课程一览表》，2018 年 4 月 3 日（http://www.umac.mo/fed/notice/201718_1st/all_program_CHI_2017_07. pdf）。

续表

	课程/专业	目标	期限
硕士学位课程	教育行政专业	为教育专业提供高阶培训	2 年
	教育心理专业		
	学校辅导专业		
	课程与教学专业		
	体育教学及运动专业		
	幼儿教育与人类发展专业		
学士后教育证书课程	日间/夜间	为持有非教育学学位的中学教师提供培训	1 年/2 年
学士学位课程	中文专业	培养中学中文课、英文课教师;培养小学、幼稚园教师	4 年
	英文专业		
	小学教育专业		
	学前教育专业		
教师延续培训课程	以实际需要开设全年或暑期培训课程	为在职教学人员提供延续培训	—

在延续和专门培训的教师专业发展方面,澳门教青局每年都主办或协办大量的专业讲座和研讨活动,内容涉及专业修养、科学、生活、文体健康、文化遗产、资讯科技等,并且与内地合作,从 2004 年开始派遣各个学科的教师赴内地知名高校参加骨干教师培训班、校长培训班等;澳门理工学院亦与中华教育会、部分中学在师资培训、交流方面合作,提供普通话、英文、葡文和艺术等课程的培训;部分学校内部为本校教师进行校本培训。[①] 根据澳门教青局网站资料,2016/2017 学年 10 月至 12 月的教学人员培训活动分别有 108 次、32 次、12 次,且形式多样,包括成果分享会、班主任

---

① 北京师范大学教师教育中心课题组:《澳门教学人员专业发展状况之研究》,2018 年 4 月 3 日 (http://portal.dsej.gov.mo/)。转引自张红峰《澳门教师教育的发展历程研究》,《教师教育研究》2015 年第 1 期。

茶座、科学讲座、教学公开课比赛、工作坊等①。

九　制度和实践中的问题

澳门近年来教育制度的改革与发展，以及《私框》的颁布与实施，促进了澳门中小学教师规范的制度化与法律化，相比于过去特别是回归前的教师制度，现行模式无疑是巨大的进步，对教师分级的规定、保障教学人员的报酬与福利、对专业发展的重视等，是澳门教育改革的里程碑。然而随着时间的转换、制度的实践和推行，教学人员制度和实践中的问题逐渐显现。

（一）评核制度导致教学人员就业无保障

澳门私立学校的教学人员聘任仍是实行"一年一聘"制，每学年结束以前，若校长同意续约，则该教学人员下学年可以在原校任教，但若未收到续约聘书，意味着失去教席。对教师而言，这确实是一种择业自由的体现，但也是一种致命威胁，随时要提防被校长无理由解聘的"达摩克里斯之剑"。从市场角度看，学校与教师的互相选择可以使双方都获得最优选，挑选适合自己的人才与职位；但是另一方面，这种制度使教学人员处于不稳定状态，就业状态无法得到有效保障，只要校方按照《劳动合同法》的规定做出补偿，就可以随时解雇教学人员。在这种情况下，教师对岗位和教育的责任感也会受到一定程度的影响。

（二）专业发展培训实效堪忧

专业发展旨在提高教学人员的专业素养，使其更好地解决教学中的问题，推动澳门中小学教育的发展。但在实践中，专业发展中的培训项目流于表面，培训内容不能满足教学人员的实际需要，出现专业不对口的现象，形式上给教学人员带来负担。从图3—5可

---

① 参见2018年4月3日，澳门教育暨青年局（https：//portal. dsej. gov. mo/webdsejspace/internet/category/teach/Inter_main_page. jsp？id＝34793）。

以看出，近年来未参与教师培训的教师人数增多，2016/2017 年度无师训的教学人员达到总人数的近四分之一。

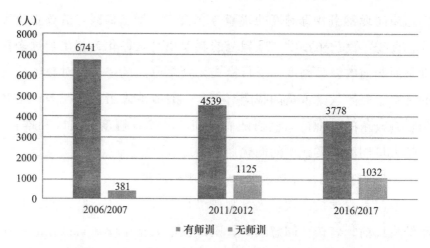

图 3—5 2006/2007 至 2016/2017 学年师训人数变动①

然而，参与培训的时长是决定评核中"满意"与否和影响教学人员晋升的重要因素。为了获取"满意"的评语，继续取得教席并晋升到上一职阶，不少教师还是选择在课余时间参与专业发展活动。这类活动大多由教青局举办，上课时间多为星期一到星期五的晚上，或周末两天，培训课程以自愿报名的形式进行，但很多教师只是形式上去上课，注重报到和签名，在上课过程中，处理学生的作业、学校的行政报告、备课的数据材料等，甚至有些老师还在培训过程中玩手机游戏或利用社交软件聊天。这种专业发展和培训课程并不能起到应有的作用，仅仅成为评核和晋升路上的垫脚石。

（三）留级问题：教师教学自主权的边界

澳门中小学学生留级率一直都很高，2016 年已达到在每 15 个中小学生中就有一个学生留级。留级是学校和教师教学自主权下的

---

① 数据来源：澳门教育暨青年局网站。

产物，它固然可以督促学生严格按照学力要求完成学业，成为教师的教学工具，但过高的留级率会严重侵害学生的受教育权，直接导致学生求学无门。《基本法》和《纲要法》对教师教学自主权、学校办学自主权的高度保障，导致行政机关无法干预。因此，一方面，我们需要反省澳门中小学留级率高的原因，以学生为本，关注学生基本受教育权的保障，另一方面也应当思考教师和学校自主权的边界何在。

（四）薪酬问题引发的不公

教学人员的薪酬是由其级别和职阶决定，级别和职阶越高，薪酬就越丰厚。现实中，有部分教师被评为一级教师后便怠于教学工作，但仍享受高薪待遇；与此同时，职阶低的教师不仅承担繁重的工作，还只能获得低廉的薪水，引发不公。此外，由于一级教师、二级教师薪金丰厚，学校必须依法发放，而有些学校因不想"浪费资金"给教师发工资，宁愿选择新入职的薪酬较低的低职阶教师，资深教师因此也面临更加严峻的被解雇风险。

第三节　课程制度

澳门的课程改革，既是教育本身发展的要求和课程持续完善的需要，同时也是澳门政治、经济、文化、社会等方面发展的迫切要求。[①] 依据 2006 年颁布的《纲要法》，澳门中小学教育实行"政府规划、学校自主"的课程领导制度：政府须规划各教育阶段的"课程框架"，订定学生须达到的"基本学力要求"；公立学校和实行本地学制的私立学校，在遵循课程框架和基本学力要求的前提下，

---

① 郭晓明：《澳门课程变革的背景与可能路径》，《行政》（澳门）2004 年第 17 卷第 4 期，第 1021 页。

可自主发展其校本课程。① 这一课程制度改变了过去私立学校享有绝对课程自主权的状况，增加了政府在课程管理领域的影响力。② 政府的角色主要是统筹、规划、引导和服务，学校的角色主要是遵循法律和自主发展。

在澳门的课程制度中，"课程框架"相当于内地的"课程计划"，"课程发展准则"相当于"课程目标"，"基本学力要求"相当于"课程标准"或"课程规范"，"教学计划表"相当于"课程实施计划"。其中，"基本学力要求"非常重要，它是课程发展标准的具体化和操作化，也是教材编写和教学实施的具体遵循。

一 课程制度的逐步形成

澳门中小学课程制度的确立，经历了殖民时期、过渡时期和回归以后三个阶段的变化与发展。

在葡萄牙对澳门实行殖民统治期间，广大华裔族群的教育主要由私立学校承担，而私营教育机构是完全自主生存和发展的，因而澳门的教育制度长期缺乏系统的制度设计和法定的制度文本，学校课程自然也缺乏生长的肥沃土壤。

在澳门，政府对学校课程的整体性关注始于 20 世纪 90 年代初，特别是 1991 年第 11/91/M 号法律《澳门教育制度》的颁布，促使政府把课程改革问题提上议程。1994 年，政府颁布第 38/94/M 号法令《学前及小学教育之课程组织》和第 39/94/M 号法令《初中教育之课程组织》，1997 年又颁布了第 46/97/M 号法令《高中教育课程组织》。（见表 3—7）同年 9 月，教育行政当局正式筹组"课程改革工作小组"，该小组在 1994 至 1999 年为幼儿教育、小学

---

① 澳门特别行政区第 9/2006 号法律《非高等教育制度纲要法》。
② 郭晓明：《核心素养与澳门非高等教育课程框架的改革》，《澳门研究》2016 年第 4 期，第 43 页。

教育预备班、小学、初中及高中开发了全套课程大纲（包括教学计划）。这一由政府推动的系统性课程改革，具有里程碑式的意义。但是，由于这次课程改革对私立学校的影响非常有限，因为上述三项法令是以"不影响私立教育机构在行政与教学自主范围内之本身权限"为立法原则的，私立学校仍享有完全的课程自主权，可以自主制定课程大纲，自主选用教材，这就弱化了政府在课程方面的领导和掌控能力。

表3—7　　　　　　　过渡时期澳门中小学课程制度相关法律和法令

名称	颁布时间	主要内容
《澳门教育制度》	1991 年	教育制度
《学前及小学教育之课程组织》	1994 年	课程组织
《初中教育之课程组织》	1994 年	课程组织
《高中教育课程组织》	1997 年	课程组织

课程改革的再推进和课程制度的确立，是以澳门非高等教育制度改革为大背景和基础的。1999 年澳门回归后，为了更好地适应澳门经济、社会、文化以及世界教育的发展趋势，探讨澳门教育的发展路向，澳门特区政府于 2002 年启动了教育制度的检讨与法律修订工作。经过一系列咨询，澳门政府于 2006 年 12 月颁布了第 9/2006 号法律《纲要法》，这是涉及中小学教育课程制度的基础性法律。《纲要法》从总体上规定了非高等教育的总目标、各阶段的教育目标、课程和教学等内容，明确了专有法规制定的方向和基础，为澳门各学校课程设置了"底线"，不论是公立学校还是私立学校，都必须在规定的框架和标准内行使教学自主权。

此外，政府订定了两个与课程相关的专有法规：第 15/2014 号行政法规《课程框架》和第 10/2015 号行政法规《基本学力要求》。"正规教育课程框架"是指由政府所订定的正规教育的幼儿教育、小学教育、初中教育及高中教育课程的基本架构，其内容主要包括课程发展准则、学习领域及科目的划分、教育活动时间的安排。① "基本学力要求" 指的是学生在完成幼儿、小学、初中及高中各教育阶段的学习后，所应具备的基本素养，既包括基本的知识、技能、能力，亦涵盖情感、态度及价值观的发展，是管理及评核课程、编写及选用教材、指导及规范教学，以及评估学校教学质量的标准。② 值得注意的是，课程框架和基本学力要求是要确立澳门教育的基本水准，规定澳门各学段课程的 "底线"，而不是 "上限"。

在施政方针、教育政策和具体措施方面，澳门特区政府颁布了《澳门特别行政区五年发展规划（2016—2020 年）基础方案》（以下简称《五年规划》）、《十年规划》、《语文政策》、《德育政策》，实行了 "课程先导计划" "研习计划及教师培训"，不同教学阶段基本学力要求的具体内容由监督教育范畴的司长以公布《澳门特别行政区公报》的批示按序订立。（见表 3—8）

表 3—8　　回归后澳门中小学课程制度相关法律、法规和法令

名称	颁布时间	主要内容
《非高等教育制度纲要法》	2006 年	课程制度
《本地学制正规教育课程框架》	2014 年	课程框架
《本地学制正规教育基本学力要求》	2015 年	基本学力要求
行政长官批示设立《课程改革及发展委员会》	2006 年	课改组织
《非高等教育发展十年规划（2011—2020 年）》	2011 年	施政规划
《澳门特别行政区五年发展规划（2016—2020 年）基础方案》	2015 年	施政规划

① 澳门特别行政区第 15/2014 号行政法规《本地学制正规教育课程框架》。

② 澳门特别行政区第 10/2015 号行政法规《本地学制正规教育基本学力要求》。

二　课程发展准则

教育目标是课程设置的目标指向，课程发展准则是对教育目标的细化，是课程设置的具体目标指向。澳门各教育阶段的"教育目标"由《纲要法》规定，"课程发展准则"由《课程框架》规定，课程发展准则旨在促使学生达成教育目标之要求。

《纲要法》对教育总目标的规定如下："相关实体致力培养及促进受教育者爱国爱澳、厚德尽善、遵纪守法的品格，使其有理想、有文化及具备适应时代需求的知识和技能，并养成其健康的生活方式和强健体魄。"[①]

澳门中小学教育目标和课程发展准则主要有以下两大特点：

（一）培养个人品德与公民意识

澳门中小学教育关注学生与他人、社会、国家、全球、自然之间的价值关系，从"德"与"法"两个维度，倡导厚德尽善的品德教育和爱国爱澳、遵纪守法的公民教育。

在教育目标的确定上，小学阶段要"培养学生基本的公民意识，养成其爱自己、爱他人、爱澳门、爱国家及爱大自然的情怀"[②]；初中阶段要"培养学生良好的品德和自尊感，使其乐观进取，关心他人及澳门和国家的发展，热心参与社会，关注生态环境"[③]；高中阶段要"增进学生的国家观念、全球视野及环境保护意识，加强其对澳门的了解和归属感，使其成为有责任感的公民"[④]。

在课程发展准则的表述上，初中强调"为学生提供参与社会实践的机会，培养其社会实践的能力及兴趣，发展学生的生涯规

---

① 澳门特别行政区第9/2006号法律《非高等教育制度纲要法》。

② 同上。

③ 同上。

④ 同上。

划能力"①，高中"鼓励学生积极参与社会实践，提升其公民意识及能力"②。

（二）尊重多元教育与全人发展

澳门是中西方多元文化交融的地区，多样化的办学主体、多元化的办学宗旨，是澳门教育的传统和特色。澳门中小学课程改革也延续了这一传统，倡导开设多元化的课程，满足学生多元化学习的需求，以学习领域范畴为指引，允许学校开设灵活多样的校本课程，促进学生的全人发展。

在教育目标的确定上，小学阶段要"给学生提供多元的学习机会，促进其个性和潜能的发展"③；初中阶段强调"提供多元教育模式，促进学生的个性和自主选择能力的发展"④。

在课程发展准则的表述上，小学阶段要"帮助学生获得全面、均衡及多元化的学习经验，促进其全人发展，培养学生的终身学习能力"⑤；初中阶段要"善用各种学习环境，组织多元化的活动，帮助学生获得全面、均衡及多元化的学习经验，促进学生全人发展，培养其终身学习能力"⑥；高中阶段要"扩阔学生的知识基础，为其提供多元化的课程，让学生有更多的选择机会，以配合不同学生的志向及兴趣"⑦。

三　基本学力要求

"基本学力要求"指的是学生在完成幼儿、小学、初中及高中各教育阶段的学习后所应具备的基本素养，既包括基本的知识、技

---

① 澳门特别行政区第 15/2014 号行政法规《本地学制正规教育课程框架》。
② 同上。
③ 同上。
④ 同上。
⑤ 澳门特别行政区第 10/2015 号行政法规《本地学制正规教育基本学力要求》。
⑥ 同上。
⑦ 同上。

能、能力，亦涵盖情感、态度及价值观的发展。它一方面指导着学校、教师组织和实施教育教学、设计各学习领域及科目的课程，另一方面也保障了学生获得基础性和全面性的培养，提升人才培养的素质。①

小学、初中和高中教育阶段的基本学力要求，由《基本学力要求》规定，按"科目"订定。澳门小学教育开设八门科目，初高中教育开设九门科目（见表3—9）。第一语文、第二语文、数学、品德与公民、资讯科技、体育与健康、艺术，这七门科目是贯穿小学、初中和高中阶段的，而小学阶段的"常识"，到初高中阶段则调整为"社会与人文""自然科学"。

在各教育阶段的每门科目之下，政府专门编写、订定基本学力要求的具体内容：第19/2016号社会文化司司长批示《小学教育基本学力要求》、第56/2017号社会文化司司长批示《初中教育基本学力要求》、第55/2017号社会文化司司长批示《高中教育基本学力要求》。

表3—9　　　　　澳门中小学教育的基本学力要求之科目②

教育阶段＼科目	小学教育阶段	初中教育阶段 高中教育阶段
（一）	作为第一语文即教学语文的中文、葡文或英文	作为第一语文即教学语文的中文、葡文或英文
（二）	作为第二语文的中文、葡文或英文	作为第二语文的中文、葡文或英文
（三）	数学	数学
（四）	品德与公民	品德与公民
（五）	常识	社会与人文

---

①　澳门特别行政区第10/2015号行政法规《本地学制正规教育基本学力要求》。

②　同上。

续表

教育阶段 科目	小学教育阶段	初中教育阶段 高中教育阶段
（六）	资讯科技	自然科学
（七）	体育与健康	资讯科技
（八）	艺术	体育与健康
（九）		艺术

基本学力要求的实施日程：小学一至三年级于 2016/2017 学年开始实施，小学四至六年级、初一、高一于 2017/2018 学年开始实施，初二、高二于 2018/2019 学年开始实施，初三和高三于 2019/2020 学年开始实施（见表 3—10）。这体现了基本学力要求循序渐进的实施特点。到 2019/2020 学年，澳门正规教育的 15 个年级将全部实施新的"基本学力要求"。

表 3—10   各教育阶段"基本学力要求"的实施日程①

教育阶段		学年					
		2016 年以前	2016/2017	2017/2018	2018/2019	2019/2020	2020 年以后
小学	一至三		2016/2017 实施				
	四至六			2017/2018 实施			
初中	初一			2017/2018 实施			
	初二				2018/2019 实施		
	初三					2019/2020 实施	
高中	高一			2017/2018 实施			
	高二				2018/2019 实施		
	高三					2019/2020 实施	

———————————

① 澳门特别行政区教育暨青年局，2018 年 1 月 1 日（http：//www.dsej.gov.mo/crdc/edu/requirements.html？timeis＝Thu％20May％2004％2013：11：09％20GMT＋08：00％202017＆＆）。

四 课程制度的实施情况

澳门中小学课程制度的实施情况，主要体现在以下三个方面：第一，在教材层面，与人民教育出版社合作开发澳门本地教材，旨在提升澳门对教材选用的自主能力；第二，在学校层面，实施"课程先导计划"，旨在提升学校对课程改革的执行能力；第三，在教师层面，举办"研习计划及教师培训"，旨在提升教师对教材实施的把握能力。

（一）开发澳门本地教材（教材层面）

长期以来，"依赖型教材"是澳门课程本地化的重要障碍，这种依赖体现在澳门缺乏自身开发的教科书，由于政府对教科书没有任何限制，只要学校愿意，就可以自由地选用其他地区的教科书，这种"自由制"教科书制度是自发形成的，其背后的隐忧是教材质量的良莠不齐。[①]

教材是实现基本学力要求的重要文本依据，教材的好坏，直接关系到课程发展准则和基本学力要求能否落实。下面，以品德与公民科的教材编写为例，呈现当前澳门本地教材开发的突破性进展。

德育不仅关系到青年一代正确价值观的形成及健康成长，还关系到澳门全体市民的道德水准和整个社会的健康发展。为此，澳门特区政府从现实需要出发，制定了具有前瞻性的非高等教育德育政策，以更好地推动德育工作，持续提升青少年的道德水平，促进和谐社会的建构。

《纲要法》在教育总目标中明确规定，相关实体须"致力培养受教育者爱国爱澳、厚德尽善、遵纪守法的品格，使其有理想、有

---

① 参考郭晓明《澳门课程变革的背景与可能路径》，《行政》（澳门）2004年第17卷第4期，第1030页。

文化及具备适应时代需求的知识和技能，并养成其健康的生活方式和强健体魄"①，尤其应"培养其对国家和澳门的责任感，使其能恰当地行使公民权利，积极履行公民义务；培养其良好的品德和民主素养，使其能尊重他人，坦诚沟通，与他人和谐相处，积极关心社会事务"，并"建立正确的价值观"。这为德育工作提供了重要的方向。

1. 品德与公民教育的课程目标

在 2008 年《德育政策》、2016 年《小学教育阶段品德与公民基本学力要求》、《初中品德与公民教育基本学力要求（初稿）》和《高中品德与公民教育基本学力要求（初稿）》等政策和法规的指导和要求下，澳门中小学开设"品德与公民"课程，使用《品德与公民》教材，取得了一定的德育成效（见表 3—11）。

表 3—11　　　　　　澳门中小学品德与公民的课程目标②

课程目标 ＼ 教育阶段	小学品德与公民课程目标	初中品德与公民课程目标	高中品德与公民课程目标
基本导向	培育珍爱生命、热爱生活的态度	培育正面的价值观、积极的生活态度、克服困难与承受挫折的勇气和能力	培育积极向上的人生观、良好的心理品质
道德品质	自尊、自主、自律、勤奋、诚实、真诚、守规则、有爱心、有责任心、有上进心	自尊、自主、自律、诚实、守信、尊重、宽容、理性、合作、有爱心、有责任心	自主、自律、自治、自立、诚信、负责、理性、尊重、宽容、合作、公正

① 澳门特别行政区第 9/2006 号法律《非高等教育制度纲要法》。
② 依据《小学教育阶段品德与公民基本学力要求》《初中教育阶段品德与公民基本学力要求》和《高中教育阶段品德与公民基本学力要求》的内容制表。资料来源：澳门特别行政区教育暨青年局，2018 年 1 月 1 日（http://www.dsej.gov.mo/crdc/edu/requirements.html? timeis = Thu%20May%2004%2013：11：09%20GMT + 08：00%202017&&）。

教育阶段 / 课程目标	小学品德与公民课程目标	初中品德与公民课程目标	高中品德与公民课程目标
自我意识	初步认识自我 基本的是非观念 调控情绪及行为的能力 自我保护的意识 适应环境的能力 抵制不良诱惑的能力 积极的自我观念 积极的生活理想	正确认识自我 健康的生活方式 自我调控能力 抵制不良诱惑的能力	自我教育的能力 自主选择的能力
公民意识	初步了解儿童及公民的基本权利和义务 民主、法治和服务社会的意识	对家庭和学校的归属感 批判思考、理性决断和积极参与社会公共生活的能力	正确的家庭伦理观 社会实践能力 关心社会的态度 服务社会的公益精神 主张社会权利和履行社会义务的意识和能力
公民品格	合作、公义、尊重、宽容、礼貌、守信	民主、法治、人权、公义	正义感、民主和法治精神
国家意识	爱国家、爱澳门的情感 珍惜和重视祖国、民族和澳门的优秀传统文化 认识自己的国民身份	对国家和民族的认同感 爱国爱澳的情怀 关心澳门的发展 亲社会的行为习惯	关心澳门及国家的发展
国际意识	尊重不同国家、民族的文化传统和生活习俗 初步的国际意识	对多元文化和不同的价值观以及生活方式的开放和包容态度 国际视野 "地球公民"的意识和责任感	对多元文化尊重的态度 跨文化互动的能力 "地球公民"的责任感

教育阶段 课程目标	小学品德与公民 课程目标	初中品德与公民 课程目标	高中品德与公民 课程目标
环保意识	热爱大自然 保护环境的情怀 初步的环保意识		对人类共存环境的关 心意识
其他方面	良好的生活习惯 良好的学习习惯		终身学习观 职业发展视野 人生规划能力

2. 品德与公民教育的基本学力要求

在《基本学力要求》的基础上，澳门教青局制定了《小学教育阶段品德与公民基本学力要求》（2016 年 2 月 29 日发布于澳门特区公报）、《初中品德与公民教育基本学力要求（初稿）》和《高中品德与公民教育基本学力要求（初稿）》，将品德与公民课程的基本学力要求落实到"学习范畴""实施年级""不同学习范畴内的基本学力要求"（表述如"知道自己的主要特点，能够欣赏自己的优点和长处"），这样将更有效地推进不同教育阶段、不同学校的德育课程的实施，促进澳门中小学生热爱国家、民族的认同感和爱国爱澳的情怀。

小学品德与公民教育的学习范畴有七个，分别是"关于自我"（《基本学力要求》下同，第 34 条）、"我与家庭"（第 21 条）、"我与学校"（第 28 条）、"我与社会"（第 33 条）、"我与国家"（第 14 条）、"我与世界"（第 12 条）和"我与环境"（第 10 条）。

初中品德与公民教育的学习范畴有四个，分别是"自我发展""群体生活""社会参与"和"国际视野"，在各学习范畴下细分出以下内容：自我发展，包括自我认识、自我管理、生命关怀与健康生活、人生规划（《基本学力要求》下同，第 22 条）；群体生活，包括家庭生活、学校生活、群体交往（第 23 条）；社会参与，包括公民生活与国家认同、政府职能与社会运作、民间参与与社会生活、民族认同与多元共生（第 28 条）；国际视野，包括科技与环境伦理、全球联系与人类公共价值、国际合作与世界和平发展、澳门与世界（第 23 条）。

高中品德与公民教育的学习范畴有五个，分别是"自我发展"（《基本学力要求》第 14 条）、"社会伦理"（第 15 条）、"政治参与"（第 12 条）、"法治生活"（第 7 条）和"全球联系"（第 14 条）。

概言之中小学品德与公民课程目标和基本学力要求，主要涵盖五个主题：（1）自我；（2）群体（家庭、学校、社会）；（3）国家（政治、法治）；（4）国际；（5）环保。（见表 3—12）

表 3—12　　　　　　　澳门中小学品德与公民基本学力要求①

教育阶段 / 学习范畴	小学品德与公民基本学力要求	初中品德与公民基本学力要求	高中品德与公民基本学力要求
学习范畴 A	关于自我（34）	自我发展（22）	自我发展（14）
学习范畴 B	我与家庭（21）	群体生活（23）	社会伦理（15）
学习范畴 C	我与学校（28）	社会参与（28）	政治参与（12）
学习范畴 D	我与社会（33）	国际视野（23）	法治生活（7）
学习范畴 E	我与国家（14）		全球联系（14）
学习范畴 F	我与世界（12）		
学习范畴 G	我与环境（10）		

①　依据《小学教育阶段品德与公民基本学力要求》《初中教育阶段品德与公民基本学力要求》和《高中教育阶段品德与公民基本学力要求》的内容制表。资料来源：澳门特别行政区教育暨青年局，2018 年 1 月 1 日（http://www.dsej.gov.mo/crdc/edu/requirements.html? timeis = Thu%20May%2004%2013：11：09%20GMT＋08：00%202017&&）。

3. 品德与公民教育的教材编写

《品德与公民》是一套由澳门教青局与人民教育出版社（以下简称"人教社"）共同编写、人教社出版、供澳门中小学校选用的教材。该教材自 2007 年开始编写，到 2011 年小学至高中阶段教材全部编写完成并出版。近年来，此套教材在澳门平稳使用，发行量逐年递增，教育教学效果日益显现，越来越受到澳门中小学的欢迎，对加强澳门广大青少年爱国爱澳教育，促进澳门社会持续繁荣稳定和政治文明进步发挥了积极作用。

2016 年版小学《品德与公民》教材是对 2008 年编写的小学《品德与公民》教材的全面修订，以课程法规《课程框架》及《小学品德与公民基本学力要求》为设计蓝本，内容结构严密，并透过本土化题材与绘本的视觉效果，提升学生的阅读兴趣。全书以探究式学习与多元评估方式，发展学生的共通能力，建立正向的价值观、思维与能力，使其成为全球公民。全书共有十二册，每册有一个学习主题，低年级阶段主题围绕学生对自我、班级、学校、家庭和社会，及自然环境的认识；高年级则按"个人与家庭""群体和社会""国家与世界"三项主轴设计，体现品德与公民教育的完整性。本教材适合一至六年级学生使用。①

2009 年版初中《品德与公民》教材，根据澳门现时的社会环境、青少年生理和心智发展水平，以生活化手法引导学生逐步形成良好的道德品质与公民素养。全书分为六册，每册有一个学习主题，从初中一上册到初中三下册的学习主题依次为自我与朋辈、自我与家庭、自我与发展、澳门与世界、公民与政府、机遇与挑战。本教材适合初中一至三年级学生使用，每年级分为上、下册。

---

① 　澳门特别行政区教育暨青年局：《小学〈品德与公民〉教材》，2018 年 1 月 1 日（http://portal. dsej. gov. mo/webdsejspace/addon/allmain/msgfunc/Msg_funclink_page. jsp? msg_id = 57333&）。

2010 年版高中《品德与公民》教材，根据澳门现时的社会环境、青少年生理和心智发展水平，以贴近学生的手法帮助学生形成正确的世界观和价值观、积极的人生观。全书分为五册，每册有一个学习主题，从高中一上册到高中三全一册的学习主题依次为幸福人生、法治生活、社会责任、政治参与、全球联系。本教材适合高中一至三年级学生使用，高中一、二年级分为上、下册，高中三年级只有一册。

随着澳门政治、经济与社会快速发展变化，以及澳门品德与公民教育实践的发展，2014 年澳门教青局与人教社又合作启动了新一轮的教材修订工作。2016 年秋，《品德与公民》小学教材修订完成，新版小学教材在澳门正式投入使用。目前，《品德与公民》初中、高中教材的修订工作也在紧张进行中。[①]由于多数学校没有编制专门的德育教材，为达到基本学力要求，越来越多的学校倾向于参考或直接使用人教版《品德与公民》教材，教青局拟修订并推广，使其成为"主流教材"。品德与公民教材，特别突出"中国人""澳门人"的概念，培育学生爱国爱澳的情怀。

（二）实行"课程先导计划"（学校层面）

为鼓励学校实施"课程框架"内中小学教育阶段的内容，以及中小学各科"基本学力要求"，积累经验并提升教师的课程发展能力，教青局实行了"课程先导计划"（见表 3—13）。

对学校的要求：参加课程先导计划的学校，须于校内实施"课程框架"和"基本学力要求"的内容，要求参与学校须于校内成立"课程发展专项小组"跟进各项相关工作，当中参与专项小组的教师获减免每周不少于 5 节课的教学工作，并安排固定每周连续 2

---

① 《人教社〈品德与公民〉教材受到澳门师生欢迎，黄强社长一行赴澳续约》，2018 年 1 月 1 日（http：//www.pep.com.cn/rjdt/rjdt/201704/t20170426_1866880.shtml）。

节的共同教研时间。

参与学校必须在校内实施"课程框架",重点在于:(1)落实课程宗旨或课程发展准则;(2)确保各类教学活动时间,如上课日数、教学活动总时间、每周教学活动时间、体育运动时间、休息时间、余暇活动时间。

参与学校必须在校内实施"基本学力要求",重点在于:(1)通过检视学校各科原有课程与教学内容,对未能配合各科"基本学力要求"的部分进行增补;(2)将"基本学力要求"落实于各教育阶段每个年级的教学进度内;(3)于学年内设计配合"基本学力要求"的教案,并于课堂内实施及进行观课、对学生进行评核。

培训内容:教青局邀请高等教育机构的专家团队,为参与学校提供学术支持及教师培训,又为每所学校安排"内地优秀教师来澳交流计划"的教师或教研员每周驻校,协助学校开展教研活动及落实课程先导计划的各项工作;此外,教青局亦为学校安排相关的讲解会,提供计划所需的各类文件范例或指引等工具,让学校更好地实施课程先导计划。

表3—13 澳门中小学"课程先导计划"实施情况[①]

教育阶段 实施情况	小学教育课程先导计划（第一期）	小学教育课程先导计划（第二期）	初中教育课程先导计划	高中教育课程先导计划
实施学年	2012/2013 2013/2014	2014/2015 2015/2016	2014/2015 2015/2016	2015/2016 2016/2017

① 依据澳门特别行政区教育暨青年局,2018年1月1日（http://www.dsej.gov.mo/crdc/project/pilot.html）。

续表

教育阶段 实施情况	小学教育课程先导计划（第一期）	小学教育课程先导计划（第二期）	初中教育课程先导计划	高中教育课程先导计划
参与学校	8 所 濠江中学附属小学 青洲小学 教业中学（分校） 培正中学 培道中学（南湾分校） 圣保禄学校 澳门坊众学校 郑观应公立学校	6 所 濠江中学附属小学 青洲小学 教业中学（分校） 培正中学 圣保禄学校 澳门坊众学校	11 所 劳工子弟学校（中学部） 濠江中学 广大中学 培正中学 圣玫瑰学校 粤华中文中学 澳门坊众学校 培华中学 澳门工联职业技术中学 教业中学 高美士中葡中学	4 所 濠江中学 粤华中文中学 教业中学 培道中学
重心课程	数学科 中文科	英文科 常识科	中文科 数学科	中文科 数学科

（三）举办"研习计划及教师培训"（教师层面）

为配合澳门的课程改革及发展，需要加深各学科教师对本地课程发展及相关课程文件的认识，增进教师对任教学科的课程专业知识，提升教师的教学技能，以及为开发校本课程储备学校人力资源及教学资源。为此，教青局自 2010/2011 学年起有序举办不同教育阶段各学科的"骨干教师研习计划"、"教师研习班"、课程发展座谈会和讲座，邀请来自澳门本地及邻近地区知名的学科教育专家及学者、学校领导及教学人员担任导师。学员主要为经学校推荐的该科目科组长或有教研兴趣的教师。（见表 3—14）

表 3—14   澳门中小学教育"研习计划及教师培训"实施情况①

小学教育阶段	
中文科骨干教师研习计划	2010/2011 学年—2011/2012 学年
品德与公民科骨干教师研习计划——澳门基本法	2011/2012 学年
英文科骨干教师研习计划	2011/2012 学年—2012/2013 学年
数学科骨干教师研习计划	2011/2012 学年—2012/2013 学年
科学科骨干教师研习计划	2011/2012 学年—2012/2013 学年
小学常识课程发展研习班	2013/2014 学年
小学常识课程发展研习班（二）	2014/2015 学年
小学信息科技课程发展研习班	2014/2015 学年
小学视觉艺术课程发展研习班	2014/2015 学年—2015/2016 学年
小学音乐培训课程	2014/2015 学年—2015/2016 学年
小学体育与健康课程发展研习班	2015/2016 学年
小学常识科培训讲座系列	2015/2016 学年
小学数学科培训讲座	2015/2016 学年
小学英文科课程发展研习班	2015/2016 学年
小学英文科课程发展研习班（第二期）	2015/2016 学年
小学英文科课程发展研习班（第三期）	2015/2016 学年
小学信息科技课程发展研习班（第二期）	2015/2016 学年
小学体育与健康课程发展研习班（第二期）	2015/2016 学年
小学信息科技课程发展研习班（第三期）	2015/2016 学年
小学信息科技课程发展研习班（第四期）	2016/2017 学年
小学体育与健康课程发展研习班（第三期）	2016/2017 学年
小学中文科课程发展研习班（第三期）	2016/2017 学年
Creating interactive lessons	2016/2017 学年
小学音乐课程发展系列研习班	2016/2017 学年
小学常识科培训讲座	2016/2017 学年
中学教育阶段	
中文科骨干教师研习计划	2011/2012 学年—2012/2013 学年
品德与公民科骨干教师研习计划——澳门基本法	2010/2011 学年

① 澳门特别行政区教育暨青年局，2018 年 1 月 1 日（http：//www.dsej.gov.mo/crdc/project/backbone.html）。

中学教育阶段	
品德与公民科骨干教师研习计划——澳门基本法	2011/2012 学年
中学中文科基本学力要求讲座	2015/2016 学年
中学中文科学课程发展研习班	2015/2016 学年
中学自然科学课程发展研习班	2015/2016 学年
中学英文科课程发展研习班	2015/2016 学年
中学英文科课程发展研习班（第二期）	2015/2016 学年
中学视觉艺术课程发展研习班	2015/2016 学年
中学社会与人文课程发展座谈会	2015/2016 学年
中学音乐课程发展系列研习班	2015/2016 学年
中学综合科学培训讲座	2016/2017 学年
初高中信息科技课程发展研习班	2016/2017 学年
初高中信息科技课程发展研习班（第二期）	2016/2017 学年
初高中体育与健康课程发展研习班	2016/2017 学年
初高中体育与健康课程发展研习班（第二期）	2016/2017 学年
中学自然科学课程发展研习班（第二期）	2016/2017 学年
中学社会与人文课程发展工作坊	2016/2017 学年
初中英文科课程发展研习班（第三期）	2016/2017 学年
初中及高中英文科培训活动系列	2016/2017 学年
中学英文科课程发展研习班（第四期）	2016/2017 学年
历史教学分享交流会	2016/2017 学年
中学中文科课程发展研习班（第三期）	2016/2017 学年
中学中文科教学工作坊系列	2016/2017 学年
初中、高中信息科技基本学力要求与算法和程序设计工作坊	2016/2017 学年
中学音乐课程发展系列研习班	2016/2017 学年
中学视觉艺术课程发展研习班	2016/2017 学年

五　课程改革中存在的问题

自 2006 年纲要法、2014 年课程框架和 2015 年基本学力要求及一系列教育制度和政策颁布并实施以来，澳门非高等教育基本形成了"政府规划、学校自主"的课程领导体制，推行德育政策和语文政策，开发《品德与公民》系列教材，不断提升教师队伍的专业素质，持续推行小班制教学。尽管课程改革已经取得阶段性成果，但是在课程决策和教材选用这两个关键问题上，还需要进一步深化改革。

（一）课程决策：在"政府规划"与"学校自主"之间保持张力

在深化课程改革的过程中，需解决的关键问题是，政府如何既引领学校，又保证学校的教学自主权。

澳门现代教育有"依法办教"的传统，20 世纪 90 年代以来，所有与课程有关的政策都以法例的形式确定下来。无论是 1991 年澳门教育制度法，还是 2006 年纲要法，都对澳门政府、教青局在课程决策中的权力进行了"限制"、对官私立学校的教学自主权进行了"确认"，这既是对澳门教育传统中注重"学校教学自主权"的延续，又是对"政府不直接干预学校课程"的调整。1991 年澳门教育制度把"确保尊重教与学的自由"作为教育的基本原则之一，规定"行政当局不得以任何哲学、美学、政治、意识形态或宗教的方针计划教育内容"，"官立和私立教育机构均享有教学自主权"，确保私立教育机构"可自由制订有关的教育计划"。随着回归后经济与社会持续发展，澳门非高等教育发展的重点也由"量的扩张"向"优质教育"过渡，在课程决策机制上也做出了方向上的调整：赋予政府以制定地区课程框架和地区课程标准的权力，学校在遵守最基本的地区课程框架和地区课程标准的情况下，拥有本校课程的最后决策权，包括制定自己的课程计划、课程大纲，选择教科书，开发校本课程等。① 在 2006 年纲要法中明确规定"政府须规划各教育阶段的课程框架，订定学生须达到的基本学力要

_____

① 郭晓明：《澳门课程变革的背景与可能路径》，《行政》（澳门）2004 年第 17 卷第 4 期，第 1029 页。

求"，公立学校和本地学制的私立学校"在遵循澳门特别行政区
课程框架和基本学力要求的前提下，可自主发展其校本课程"。
这就从法律层面确立了政府和学校共同负责课程决策的新的课程
领导体制。

在这样的制度背景下，如何在实践中保持"政府规划"与
"学校自主"的张力，实现课程改革由"政府的课程"向"学校
的课程"的顺利转化，[①] 尤其是引导而非强制实行本地学制的私
立学校及未实行本地学制的私立学校，按照地区课程框架和基本
学历要求来开展课程建设，这将是课程改革实践要破解的关键
难题。

（二）教材选用："认定制""本地化"与"校本化"

澳门地区历来有"教材多样化"的传统，存在"依赖型教材"
的问题，背后的隐患是教材质量良莠不齐，这成为澳门课程本地化
的重要障碍。[②]

在教材制度方面，澳门应实现从"自由制教科书制度"向
"认定制教科书制度"的过渡。澳门在历史发展过程中，自发形成
了一种"自由制"的教科书制度，政府对教科书没有任何限制，只
要学校愿意，什么教科书都可以在澳门使用，这造成了长期以来澳
门学校大多数教材来自港台或内地，香港教材尤其占支配性地位的
状况，这种"依赖进口教科书"的课程发展，不利于澳门学生充分
认识自己的政治、经济、文化及社会等方面的特点，不利于课程目
标的落实。[③] 对此，教青局提出，澳门的教科书制度宜采用比较自
由的"认定制"：教育行政当局设立具有广泛代表性和较好专业

---

① 苏朝晖、梁励、王敏：《澳门课程改革的背景、取向与展望》，《全球教育展望》2009 年
第 5 期，第 65 页。

② 郭晓明：《澳门课程变革的背景与可能路径》，《行政》（澳门）2004 年第 17 卷第 4 期，
第 1030 页。

③ 同上。

水准的委员会，以较宽松的标准对教科书进行认定，只有经认定被列入政府公布的教科书目录的教科书方可在澳门发行。对于那些设计上能与澳门地区课程框架和地区课程标准相配合或较好地体现了澳门特点的教材，教育行政当局可优先认定，以引导教材的本地化。[①]

在教材开发方面，澳门还需要加强"本地化教材"与"校本化教材"的研究和编写力度，从而为澳门课程改革提供良好的教材基础。"本地化教材"是相对于澳门长期依赖的港台等外地教材而言的，澳门应基于自己独特的社会历史和社会现实，开发出能够充分反映澳门教育发展需要的、适合澳门使用的专用教材。目前，澳门教青局已与内地的人民出版社合作开发出了一整套涵盖小学、初中和高中的《品德与公民》（澳门版）教材，并在各学校推广使用，受到好评，这种"本地化教材"的开发，实际上也是澳门特区政府、澳门教青局在起着"引领"作用的重要体现。"校本化教材"则是针对以往澳门各学校在未有课程框架和课程标准指导下编写的校本教材而言的，未来澳门各校的"校本化教材"，应该是在地区课程框架、课程标准"基础"上和地区本地化教材"指引"下进行的教材开发，真正突出各校办学宗旨、办学目标和办学特点。

第四节　学生管理制度

澳门特区政府自成立以来一直重视非高等教育，充分发挥政府职能保障教育的持续发展。其中，在学生管理制度方面，通过订定制度及其科学施行、持续增加教育资源的投入，不断优化中小学学

---

① 苏朝晖，梁励，王敏：《澳门课程改革的背景、取向与展望》，《全球教育展望》2009年第5期，第60页。

生管理；实施义务教育和免费教育，大大加强了学生完成正规教育的制度保障和法律保障，有力保障了学生应享有的就学机会；科学调整资源投入，不断优化学生多样福利津贴，持续扩大教育的受惠面；基于澳门人口的出生率，为优化班师比、师生比，进而提高教育质量，推行小班制教学的相关制度；积极参加学生能力国际评估计划（PISA）和全球学生阅读能力进展研究（PIRLS），为评估学生能力发展提供科学支撑和拓展国际视野。

一　义务教育范围及相关制度

一个国家或地区的义务教育发展水平的高低反映了该地区办学质量的整体发展水平。在 2000 年之前，澳门特区已经基本实施十二年义务教育。① 由于其义务教育起步时间比较早，年限较长，义务教育均衡发展的水平相对较高，为澳门特区人民的综合素质奠定了坚厚的基础。澳门特区政府依法推行义务教育，已取得了积极的社会成效，其中离不开相关政策制度的有力保障，澳门特区义务教育的相关制度发展经历了不断完整充实的过程。

于 1991 年，基于对澳门发展特征的整体把握以及对教育进行改革的现实需要，由此，澳门特区政府制定了一套有关教育制度的法规，即第 11/91/M 号法律《澳门教育制度》②。第 11/91/M 号法律在制定澳门地区教育制度总纲的同时，也规定了基础教育是任何人应该享有的权利，并且逐步实行免费。基于免费教育的有效施行，自 1995/1996 学年起，免费教育已经逐步普及到包括小学教育预备班及小学教育在内的私立教育范畴，并于 1997/1998 学年将其扩展至初中教育。这一免费教育模式的初步建立与逐渐完

---

① 澳门特别行政区政府印务局《公报》：《第 42/99/M 号法令》，第 33 期，第一组，1999 年 8 月 16 日。这一法令规定了对年龄五至十五岁的儿童及少年实行义务教育，其中，义务教育包括小学教育预备班、小学教育以及初中教育。

② 自第 9/2006 号法律《纲要法》生效，第 11/91/M 号法律废止。

善为义务教育的推广做了充实的准备工作。由于澳门当时已经具备条件开展义务教育,因此,在充实第 11/91/M 号法律所制定的法律制度的基础上,制定了第 42/99/M 号法令,这一法令订定了义务教育范围及有关制度,对年龄介乎于 5 至 15 周岁的未成年人实行义务教育。

第 42/99/M 号法令对义务教育范围及其有关制度进行了详尽的规定,包括注册、转校、缺席等。其中,在公立或者私立教育机构内,需要对年龄为 5 至 15 岁的儿童及少年实行义务教育。这一规定的义务教育对象包括小学教育预备班学生、小学生以及初中生,并对义务教育的结束分别做了教育年级段和学生年龄段的规定,即学生在完成初中教育时义务教育终止,并且,不论是否完成初中教育,在学生年满 15 岁的时候也即义务教育终止。促进义务教育的实现,需要学生、家长、教育机构以及教育行政当局的多方合力支撑,其中,家长有义务为在义务教育范围内的子女办理入学和注册,政府和教育机构有责任保障义务教育范围内的未成年人完成义务教育,教青局负责创造条件并分阶段科学实施义务教育。(见表 3—15)

综合以上对澳门特区义务教育相关的制度内容及其发展历程的梳理,澳门义务教育主要具有以下两个显著的特征:第一,"均等享有"是教育公平的特性体现,澳门义务教育属于覆盖所有适龄儿童和少年的全纳式教育,始终贯彻落实了教育公平的价值理念;第二,澳门义务教育制度建立了地方政府、教育机构、家长学生共同协作的责任共同体,使得澳门特区义务教育的发展形成了多方的协作合力。

表 3—15   义务教育范围及相关制度的法令和法律

名称	颁布时间	主要内容
第 11/91/M 号法律	1991 年 8 月 29 日	订立澳门教育制度一般职程

续表

名称	颁布时间	主要内容
第 42/99/M 号法令	1999 年 8 月 16 日	对年龄介乎 5—15 岁之间儿童及少年实行义务教育
第 9/2006 号法律	2006 年 12 月 26 日	非高等教育制度纲要法

二　免费教育津贴制度

澳门特区政府推行了一系列的配套措施，促进义务教育的全面落实。其中，免费教育自 2007/2008 学年起，已经拓展到整个正规教育内的 15 个年级，[①] 包括 3 年幼儿教育、6 年小学教育、3 年初中教育和 3 年高中教育。由此，自 2007/2008 学年起，澳门成为大中华地区第一个提供十五年免费教育的地区，学生完成正规教育的保证得到大大加强。澳门特区免费教育的推广和普及酝酿已久，从倾向性免费教育到全面免费教育，通过各种法令的颁布，立例规范，不断推进免费教育模式的完善（见表 3—16）。

（一）倾向性免费教育时期

于 1995 年，澳门总督正式颁布执行第 29/95/M 号法令，由此免费教育模式正式形成。第 29/95/M 号法令的主要内容是为了普及免费教育而订定的对非营利性私立教育机构给予辅助的规则，提出在澳门施行倾向性的免费教育，其中，倾向性指的是分阶段地实行免费教育。澳门特区政府于 1995/1996 学年正式将免费教育推广到私立学校，受益人是小学预备班和小学就读的学生。两年之后，根据 1995/1996 学年开始的第一阶段普及倾向的免费教育过程中取得的成果和实施经验，为免费教育普及到初中创造了条件或奠定了基础。由此，于 1997 年初，总督颁布第 34/97/M 号法令，把私立学

---

① 澳门特别行政区政府印务局《公报》：《第 230/2007 号行政长官批示》，第 32 期，第一组，2007 年 8 月 6 日。这一行政长官批示，规定了正规教育阶段的学习年限的实施日程。

校的免费教育扩展到三年的初中教育。这一免费教育模式的建立与完善为义务教育的推广做了充实的准备工作。

（二）全面免费教育时期

澳门特区免费教育制度不断完善，对学校的规定、津贴的范围、津贴的金额进行了修改。2006年，特区政府经过数年的讨论和修改完善，通过的第9/2006号法律《纲要法》提出了义务教育和免费教育的目标，这一法律是指导澳门教育的新的基本法律。根据《纲要法》第21条的规定，免费是指免缴学费、补充服务费和其他与报名、就读及证书方面有关的费用。免费教育在正规教育范围内实施。免费教育的受益人是就读于下列范围且属澳门特区居民的学生：公立学校内免费教育范围的所有学级；免费教育学校系统内的私立学校即不牟利的本地学制的私立学校方才可以申请加入免费教育学校系统，免费教育学校系统内的学校应在它所开办的、属于免费教育范围的各个学级实施免费教育。

行政长官根据《基本法》第50条第（五）项及《纲要法》第21条的规定，订立了第19/2006号行政法规《免费教育津贴制度》，这一行政法的施行进一步将免费教育彻底化。这一行政法规明确规定了向加入免费教育学校系统的私立学校发放免费教育津贴，是以学校为对象的财政支援，由教青局每学年向学校发放免费教育津贴，即津贴经费直接来源于政府预算。凡是属于澳门特区的居民，在上述所指的学校范围内注册并且接受正规教育的学生，都是免费教育津贴的受益人。

从这一行政法规的内容上看，第19/2006号行政法规和第29/95/M号法令具有许多相似之处，主要的不同之处在于：第一，免费教育的内容规定更加彻底，取消了学校各种杂费和学费的区别，统一以免费教育津贴来代替，学校几乎不能以任何形式收取费用；第二，对学生入学和就读的政策进行了适度的调整，加入免费教育学校系统的私立学校在有学额的情况下不得拒绝学生，并且不得任意在学年中间开除学生；第三，通过对免费教育津贴班级人数限制，从每班 45 人的人数标准降低至 35 人的标准，为推广小班制教学奠定了基础。

表 3—16　　　　　　　免费教育制度相关的行政法规、法令和法律

名称	颁布时间	主要内容
第 29/95/M 号法令	1995 年 6 月 26 日	为普及免费教育订定对非营利性私立教育机构给予之辅助
第 34/97/M 号法令	1997 年 8 月 18 日	核准并规范包括初中教育在内且于 1997/1998 学年开始之第二阶段之普及倾向免费教育
第 9/2006 号法律	2006 年 12 月 26 日	非高等教育制度纲要法
第 19/2006 号行政法规	2006 年 12 月 28 日	订立免费教育津贴制度

澳门特区免费教育津贴制度的完善发展过程也体现为特区政府通过财政不断加大教育资源投放和扩展免费教育系统覆盖率的过程。因应澳门经济经过深度调整后趋向平稳发展的社会现实，教青局和学生福利基金在审慎理财、量入为出的原则下，经过综合考虑政府财政状况和影响教育开支的因素，多次适度地提升免费教育津贴的投放力度，根据最新的第 162/2017 号行政长官批示，继上年后再次调整了免费教育津贴，持续提升了津贴的额度，现为"（1）学生人数为 25 至 35 人的幼儿教育及小学教育的班级，津贴金额分别为澳门币 918200 元及 1012900 元；（2）学生人数为 25 至 35 人的初中教育的班级，津贴金额为澳门币 1234600 元；（3）学生人数为 25 至 35 人的高中教育的班级，津贴金额为澳门

币 144400 元"①。澳门特区教育经费投入的加大，为支持学校和教学人员优化教学环境及其条件，促进教育质量的提升提供了坚实的经济支持。具体 2005/2006 学年至 2015/2016 学年免费教育津贴发放的情况如表 3—17 所示。

表 3—17   2005/2006 学年至 2015/2016 学年免费教育津贴发放的情况②

学年	免费教育津贴（澳门币，亿元）
2005/2006	4.78
2006/2007	5.88
2007/2008	8.75
2008/2009	10.20
2009/2010	10.24
2010/2011	10.79
2011/2012	11.64
2012/2013	12.38
2013/2014	15.52
2014/2015	17.66
2015/2016	19.93

三 学生福利及相关制度

加强学生福利工作是澳门特区政府工作的主要关注点之一，并且是推进教育制度深刻改革的重要支柱之一。由此，澳门特区政府多年来持续完善学生福利相关制度，包括《第 20/2006 号行政法规——学费津贴制度》《第 29/2009 号行政法规——书簿津贴制度》

① 数据来源于第 162/2017 号行政长官批示《调整第 19/2006 号行政法规〈免费教育津贴制度〉第六条第一款（一）至（三）项所定的免费教育津贴金额》，澳门特别行政区政府印务局《公报》，第 23 期，第一组，2017 年 6 月 5 日。

② 数据来源于 2005—2015《教育数字概览》、2016—2017《非高等教育统计数据概览》、2002—2016《教育暨青年局年刊》，2017 年 12 月 24 日澳门特别行政区政府教育暨青年局的官方网站（http://portal.dsej.gov.mo/webdsejspace/internet/Inter_main_page.jsp? id=2284）。

《第 134/2010 号社会文化司司长批示——学费援助、膳食津贴及学习用品津贴发放规章》，并且通过政府直接的财政支持、教育发展基金、学生福利基金给学生福利制度的持续发展予以经费支持。

（一）学生福利的类别

1. 第 20/2006 号行政法规——学费津贴制度

根据第 134/2002 号行政长官批示，2002 年向就读于未加入倾向免费教育的私立学校的小学预备班、小学及初中教育，并为澳门特区居民的学生发放学费津贴。2005 年，第 16/2005 号行政法规《基础教育学生学费津贴制度》颁布，废止第 134/2002 号行政长官批示。这一行政法规对基础教育学生学费津贴的范围、管理、金额、发放方式、发放程序做出了更加明确的规定。第 20/2006 号行政法规《学费津贴制度》，废止了 16/2005 号行政法规，学费津贴的涵盖范围包括幼儿教育、小学教育及中学教育各阶段，较之前把享受学费津贴的学生拓展至高中教育阶段，并调整了每学年发给每名学生的学费津贴金额，对支付方式、账目的校正做出了详细的规定（见表 3—18）。

学费津贴是以学生为对象的财政支援，津贴经费直接来源于政府，由教青局每学年向学生发放免费教育津贴。教青局会根据局内登记的学生资料，于每学年向学生发放学费津贴。学费津贴的发放会直接拨款到受惠学生所在的学校，分上、下两学期将学费津贴经由学生就读的学校发出。

表 3—18　　　　学费津贴制度相关的行政法规和行政长官批示

名称	颁布时间	主要内容
第 134/2002 号行政长官批示	2002 年 6 月 10 日	向就读于未加入倾向免费教育的私立学校的小学预备班、小学及初中教育并为澳门特区居民的学生发放学费津贴

续表

名称	颁布时间	主要内容
第 16/2005 号行政法规	2005 年 8 月 29 日	基础教育学生学费津贴制度
第 20/2006 号行政法规	2006 年 12 月 28 日	学费津贴制度

　　随着澳门经济社会的发展，为促进教育质量的持续提升，根据澳门非高等教育的实际情况，澳门特区政府对各项计划资助金额在每学年均有所调升。在给予就读于非免费教育私立学校学生的学费津贴方面，政府对各教育阶段的学费津贴的每人金额做出了共 12 次的适度调整。根据 2017 年最新的行政长官批示，第 163/2017 号行政长官批示，调整了学费津贴金额，现每学年发给每名学生的学费津贴金额如下："①幼儿教育：澳门币 18490 元；②小学教育：澳门币 20600 元；③中学教育：澳门币 22950 元"[①]。具体 2005/2006 学年至 2015/2016 学年学费津贴发放的情况如表 3—19 所示。

表 3—19　　2005/2006 学年至 2015/2016 学年学费津贴发放的情况[②]

学年	学费津贴（澳门币，亿元）
2005/2006	0.40
2006/2007	1.54
2007/2008	0.94
2008/2009	1.15
2009/2010	1.28
2010/2011	1.41

---

　　① 数据来源于第 163/2017 号行政长官批示《调整第 20/2006 号行政法规〈学费津贴制度〉第四条第一款所定的学费津贴金额》，澳门特别行政区政府印务局《公报》，第 23 期，第一组，2017 年 6 月 5 日。

　　② 数据来源于 2005—2015《教育数字概览》、2016—2017《非高等教育统计数据概览》、2002—2016《教育暨青年局年刊》，2017 年 12 月 24 日澳门特别行政区政府教育暨青年局的官方网站（http：//portal. dsej. gov. mo/webdsejspace/internet/Inter_main_page. jsp？id = 2284）。

续表

学年	学费津贴（澳门币，亿元）
2011/2012	1.56
2012/2013	1.89
2013/2014	2.15
2014/2015	2.05
2015/2016	2.23

2. 第 29/2009 号行政法规——书簿津贴制度

《书簿津贴制度》是根据第 29/2009 号行政法规新订立的学生福利制度之一，重要目的在于减轻家长在子女书簿费用上的负担。能够享受书簿津贴的对象为在有关学校年度内①的 9 月 1 日至次年 4 月 30 日就读澳门特区内的学校并接受各阶段的正规教育，且属澳门特区居民的学生，是以学生为对象的财政支援，津贴经费直接来源于政府预算。这一津贴涵盖的范围包括幼儿教育、小学教育以及中学教育的各个阶段。

教青局具有管理津贴的职权。教青局根据每年 9 月至次年 4 月就读学生的注册数据来发放书簿津贴，在每一学校年度的每年 10 月 1 日至次年 8 月 31 日进行一次性的支付。书簿津贴由教青局以银行存款或者支票的方式直接支付给就读于公立学校的受惠学生。但是，如果是就读于私立学校，则是由学校将津贴支付给受惠学生，如果没能由学校支付津贴，也可以由教青局将津贴以银行存款或支票方式直接支付给学生。

教青局在 2009/2010 学年起向每名就读于正规教育阶段的学生发放书簿津贴。根据最新的第 70/2015 号行政长官批示，每一学校年度发给每名学生的书簿津贴金额调整如下："①小学教育：澳门

---

① 澳门特区的学校年度是指每年 9 月 1 日至次年 8 月 31 日。

币 2600 元; ②中学教育: 澳门币 3000 元"[1]。书簿津贴金额从 2011
年起, 几乎每年都做出调整, 且资源投放力度持续提升。具体
2009/2010 学年至 2015/2016 学年书簿津贴发放的情况如表 3—20
所示。

表 3—20   2009/2010 学年至 2015/2016 学年书簿津贴发放的情况[2]

学年	书簿津贴 (澳门币, 亿元)
2009/2010	1.11
2010/2011	1.08
2011/2012	1.18
2012/2013	1.27
2013/2014	1.59
2014/2015	1.74
2015/2016	1.88

3. 第 134/2010 号社会文化司司长批示——学费援助、膳食津
贴及学习用品津贴发放规章

澳门特区政府已实施十五年免费教育, 或向未享有免费教育的
学生提供学费津贴, 以及向全澳学生提供书簿津贴。因此, 学费援
助及学习用品津贴申请仅考虑在上述政策执行后, 在子女就学方面
仍存有经济困难的个别家庭, 而膳食津贴的申请是为协助家庭经济
困难的学生取得均衡的营养饮食, 以确保学生的健康成长。以上三
种津贴是为家境清贫的学生提供的津贴帮扶, 是以学生为对象的财

----

① 数据来源于第 70/2015 号行政长官批示《调整第 29/2009 号行政法规〈书簿津贴制度〉
第四条第一款所定的每一学年度发给每名学生的书簿津贴金额》, 澳门特别行政区政府印务局
《公报》, 第 17 期, 第一组, 2015 年 4 月 27 日。

② 数据来源于 2005—2015《教育数字概览》、2016—2017《非高等教育统计数据概览》、
2002—2016《教育暨青年局年刊》, 2017 年 12 月 24 日澳门特别行政区政府教育暨青年局的官方
网站 (http: //portal. dsej. gov. mo/webdsejspace/internet/Inter_main_page. jsp? id = 2284)。

政支援，津贴经费来源于学生福利基金。根据《纲要法》第30条规定，就读于正规教育或回归教育课程且属澳门特区居民的学生，有权享受学生福利，包括学生保险，以及向家庭经济困难学生提供必要的学费援助、膳食津贴、学习用品津贴以及学习所需的辅助设备津贴。由此，学费援助、膳食津贴及学习用品津贴不同于免费教育津贴、学费津贴、书簿津贴。

第134/2010号社会文化司司长批示是有关学费援助、膳食津贴及学习用品津贴发放的规范性文件，其中对申请对象、申请程序、申请条件、津贴额度、津贴发放等做出了详尽的规定。津贴申请人需透过向教青局递交已填妥的申请表，由学生福利基金批给，审批名单将透过教青局的网页及其他适当的途径公布。家庭每月平均收入在表3—21限度内可提出申请学费援助、膳食津贴及学习用品津贴。

表3—21　　　　学费援助、膳食津贴及学习用品津贴申请条件①

家庭成员人数	家庭每月平均收入（澳门币，元）
1	5670
2	10410
3	14350
4	17440
5	19690
6	21950
7	24200
8 人或以上	26410

第一，学费援助。这是为协助学生就读，澳门特区政府经由学

---

① 数据来源于第134/2010号社会文化司司长批示《核准学费援助、膳食津贴及学习用品津贴发放规章》，澳门特别行政区政府印务局《公报》，第38期，第一组，2010年9月20日。

生福利基金向未受惠于免费教育，并且在取得学费津贴后仍然存在困难的学生提供学费援助（即学费援助和免费教育津贴两者不可兼得，但学费援助与学费津贴可以兼得）。这一项援助性质的津贴一般安排在每年的 4 月至 5 月接受申请（已经在学校注册的申请人向就读的学校提交申请，其余申请人向教青局提交申请），申请期外只接受家庭发生突然变故而导致经济困难的学生的申请。学费援助会在新学年核实学生的就读情况、家庭综合情况之后，由学生福利基金批给，以银行转账的形式支付给学生个人。现行的学费援助金额如表 3—22 所示：

表 3—22　　　　　　　　　　学费援助金额①

教育阶段	最高金额（澳门币，元）
幼儿教育及小学教育	4000
初中教育	6000
高中教育	9000

第二，膳食津贴。这是为了减轻家庭经济困难学生的膳食费用负担，使得学生能够有均衡营养的膳食所订定的对学生的财政支援。有关津贴的申请是和学费援助以及学习用品津贴一起申请的。澳门特区政府为支持学生就学，几乎每学年的各项财政支援计划的资助金额都有所调升。其中，膳食津贴的金额自 2010 年起，共进行了六次调整，小学教育和初中教育由每人每学年 2100 澳门元、2200 澳门元均调升至 3400 澳门元。2011 年至 2016 年调整变化的膳食津贴金额如表 3—23 所示：

---

① 数据来源于第 134/2010 号社会文化司司长批示《核准学费援助、膳食津贴及学习用品津贴发放规章》，澳门特别行政区政府印务局《公报》，第 38 期，第一组，2010 年 9 月 20 日。

表 3—23　　　　　　2011 年至 2016 年调整变化的膳食津贴金额①

年度	幼儿教育至小学教育的金额（澳门币，元）	中学教育的金额（澳门币，元）
2011 年	2100	2200
2012 年	2400	2400
2013 年	2600	2600
2014 年	3000	3000
2015 年	3200	3200
2016 年	3400	3400

第三，学习用品津贴。近年特区政府不断扩大教育投入，分别推出了 15 年免费教育、学费津贴和书簿津贴，一般家庭在子女教育方面的开支已大大下降。因此，为协助经济困难学生而设立的学习用品津贴是将关注点放在执行上述政策后，在购买学习书籍或用品上仍存在困难的个别家庭。这一项津贴将以定额的形式发出，申请期间、手续和发放与上述为经济困难学生而设的学费援助相同。学习用品津贴的金额，自 2010 年起，共进行了五次调升，其中，小学教育和初中教育这两个教育阶段，分别由每人每学年澳门币1500 元及 2000 元调升至澳门币 2200 元及 2900 元。2011 年至 2016年调整变化的学习用品津贴金额如表 3—24 所示：

表 3—24　　　　　　2011 年至 2016 年调整变化的学习用品津贴金额②

年度	幼儿教育至小学教育的金额（澳门币，元）	中学教育的金额（澳门币，元）
2011 年	1500	2000

---

①　数据来源于第 75/2011 号社会文化司司长批示、第 179/2012 号社会文化司司长批示、第 90/2013 号社会文化司司长批示、第 30/2014 号社会文化司司长批示、第 66/2015 号社会文化司司长批示、第 39/2016 号社会文化司司长批示。

②　数据来源于第 39/2016 号社会文化司司长批示《修改经第 134/2010 号社会文化司司长批准的〈核准学费援助、膳食津贴及学习用品津贴发放规章〉》，澳门特别行政区政府印务局《公报》，第 15 期，第一组，2016 年 4 月 11 日。

年度	幼儿教育至小学教育的金额（澳门币，元）	中学教育的金额（澳门币，元）
2012 年	1500	2000
2013 年	1700	2200
2014 年	2000	2500
2015 年	2100	2700
2016 年	2200	2900

（二）福利支撑的教育经费来源

1. 政府直接的财政支援

根据《纲要法》第 46 条，政府有责任提供教育经费。澳门特区政府在编制预算的时候，把非高等教育视为主要优先的项目之一。澳门特区政府对非高等教育的财政支持类别有：向加入免费教育学校系统的不牟利私立学校提供免费教育津贴，用以支付其运作上的一般费用，津贴标准、支付方式以及相关学校应遵守的义务由第 19/2006 号行政法规《免费教育津贴制度》订定；向澳门特区居民中修读私立学校的正规教育课程，且未受惠于免费教育的学生，提供学费津贴，津贴标准和支付方式，由第 20/2006 号行政法规《学费津贴制度》订定；向不牟利私立教育机构的教学人员提供津贴，以促进其专业发展，但非本地学制私立学校的教学人员除外，由第 66/2004 号社会文化司司长批示订定；非本地学制私立学校和牟利的私立教育机构，均不获政府财政支持。

随着澳门特区经济的快速发展，澳门特区的非高等教育公共开支持续增加，为澳门中小学教育的良好发展提供了坚厚的经费支撑。经由澳门教青局官方网站公布可查询到的相关数据显示，非高等教育公共开支呈持续增长的态势，学生人均公共开支持续升高。其中，2002 年至 2014 年，非高等教育的公共开支相关情况如表 3—25 所示：

表 3—25　　2002 年至 2014 年非高等教育的公共开支相关情况①

年度	非高等教育公共开支 （澳门币，亿元）	学生人均公共开支 （澳门币，元）	人均公共开支增长率
2002	10.07	10153	——
2003	10.83	11022	9%
2004	10.56	11059	0.3%
2005	12.07	13083	18%
2006	15.39	17454	33%
2007	19.12	22819	31%
2008	23.47	29586	30%
2009	27.63	35794	21%
2010	28.96	38345	7%
2011	32.92	44835	17%
2012	37.39	52064	16%
2013	48.41	68137	31%
2014	51.68	72258	6%

2. 教育发展基金

行政长官根据《基本法》第 50 条第（五）项和《纲要法》第 48 条第六款以及第 53 条的相关规定，为了有效支持非高等教育的长效有序发展，设立了教育发展基金。澳门特区政府于 2007 年透过第 16/2007 号行政法规订立《教育发展基金制度》。教育发展基金是拥有行政、财政以及财产自治权的公法人，并且是附属于教育

① 数据来源于 2005—2015《教育数字概览》、2016—2017《非高等教育统计数据概览》、2002—2016《教育暨青年局年刊》，2017 年 12 月 24 日澳门特别行政区政府教育暨青年局的官方网站（http://portal.dsej.gov.mo/webdsejspace/internet/Inter_main_page.jsp？id=2284）。

行政当局而运作，其中设立了行政管理委员会对其进行管理。教育发展基金更加有效地支持和推动了非高等教育领域内各类发展性教育计划以及活动的有效持续开展，并且使得教育的资源投入更具有稳定性和发展性。并于 2008 年颁布了第 82/2008 号行政长官批示，核准《教育发展基金财政援助发放规章》，以订定教育发展基金的财政援助发放制度（见表 3—26）：

表 3—26　　　　教育发展基金相关的法规和行政长官批示

名称	颁布时间	主要内容
第 16/2007 号行政法规	2007 年 8 月 27 日	订立《教育发展基金制度》
第 82/2008 号行政长官批示	2008 年 4 月 14 日	核准《教育发展基金财政援助发放规章》

第 16/2007 号行政法规订立的《教育发展基金制度》对教育发展基金的性质、职责、监督、管理、运作、援助等详尽规定做出了阐述。根据《教育发展基金制度》的第 4 条规定，教育发展基金有其科学运行的组织架构。由行政管理委员会对其进行全面的管理。其运作方式主要是:[①] 行政管理委员会每月举行两次平常会议，主席可以主动也可以应任一委员会成员的建议而召开特别会议。行政管理委员会的决议取决于出席成员的多数票，而主席的投票具有决定性。

教育发展基金主要是用于非高等教育领域内，用以支持和推动展开各类具有发展性的教育计划和活动。尤其为:优化学校的教育规划;改善教学环境和维修或更换设备;改进校本课程和教学;促进教师的专业发展;确保学生的均衡发展;支持特殊教育

---

① 参见第 16/2007 号行政法规《订立〈教育发展基金制度〉》，澳门特别行政区政府印务局《公报》，第 35 期，第一组，副刊，2007 年 8 月 27 日。

的发展；推动持续教育的开展。特别值得注意的是，在教育发展基金的众多核心推动的活动范畴之中，"学校发展计划"是其主要的资助计划。"学校发展计划"的资助对象为澳门非高等教育范畴本地学制的不牟利私立教育机构。在这一项计划中，其最突出的功能是，通过资金引导的方式使得学校在配合特区政府教育规划的基础上根据其办学理念和特色，积极开展多样的具有发展性的活动和教学计划，最终目的是优化教学环境、促进教师专业发展以及学生的健康成长。

　　教育发展基金的经费来源途径多样，在一定程度上可以保证基金的良好有序运作，并设有监督机制。主要有以下的经费来源途径①：特区政府的拨款；澳门特区或外地公、私法人或者自然人的津贴、拨款、捐赠、遗产、遗赠或赠与；本身财产或者可享有收益的财产的利息或其他收益；以往经济年度的结余；贷出款项的回收；以无偿、有偿或者其他方式取得的一切动产或不动产；根据法律、合同或者其他方式获得分配的其他资源。教育发展基金接受社会文化司司长的监督。

　　教育发展基金自 2007 年成立以来，积极投放资源优化非高等教育的发展。2015 年基金核准预算较 2014 年有所增加，实际支出金额为 8.7 亿澳门元，显示了教育发展基金资助规模的稳步加大，持续促进非高等教育的长效发展。为保障澳门教育素质的不断提升，澳门特区政府持续增加教育经费的投放，教育发展基金获得经费的支撑力度不断加强。2016 年教育发展基金共发放资助达 7.06 亿澳门元。2008/2009 学年至 2016/2017 学年，教育发展基金发放资助情况如表 3—27 所示：

---

　　① 参见第 16/2007 号行政法规《订立〈教育发展基金制度〉》，澳门特别行政区政府印务局《公报》，第 35 期，第一组，副刊，2007 年 8 月 27 日。

表 3—27　　　2008/2009 学年至 2016/2017 学年教育发展基金发放资助情况①

学年	教育发展基金（澳门币，亿元）
2008/2009	3.66
2009/2010	4.05
2010/2011	4.49
2011/2012	4.80
2012/2013	4.70
2013/2014	7.50
2014/2015	6.40
2015/2016	8.70
2016/2017	7.06

3. 学生福利基金

1990 年始，澳门加大学生福利工作的支持力度，无论在数量方面还是在扩大发放优惠方面均为政府工作的主要关注点，并认为这是拟对教育制度进行深化改革的支柱之一。这一政策的施行有其深刻的社会历史原因。二十世纪九十年代，澳门教育制度改革是过渡时期澳门发展整体性策略的一项重要并且优先的工作，是澳门施政方针的重要目标之一。但是，当时澳门的教育发展仍然受到较多因素影响，有关澳门教育政策发展的大纲还未正式颁布，② 社会上仍存在对经济困难家庭的社会歧视，社会上的人力资源还没有充分挖掘使用。由此，需要为教育改革的稳定和连贯的持续发展创造必要的条件，因而需要推行相关措施来减轻一些较重要的发展障碍。

---

① 教育发展基金于 2007 年 8 月成立，由此，统计数据始于 2008/2009 学年。数据来源于 2005—2015《教育数字概览》、2016—2017《非高等教育统计数据概览》、2002—2016《教育暨青年局年刊》，2017 年 12 月 24 日澳门特别行政区政府教育暨青年局的官方网站（http：//portal. dsej. gov. mo/webdsejspace/internet/Inter_main_page. jsp？id＝2284）。

② 《澳门教育制度》于 1991 年 8 月颁布。

为了给学生提供入学和顺利学习的平等机会，给缺乏不同水平教育的学生提供一系列的多元化服务，澳门总督于 1900 年颁布了第 17/90/M 号法令。这一法令是关于核准管制学生福利活动的规则以及设立学生福利基金和咨询委员会的相关规定，订定了学生福利制度。学生福利的建设目标是进行社会和教育的补偿，并且实现给予学生多元化的经济援助系列和提供援助其他的补充服务。为了完善学生福利基金的运作，同时颁布了第 18/90/M 号法令，详尽规定了学生福利机构的组成和运作规则。随后几年，学生福利基金制度持续完善。直至 1994 年，根据教青司新组织法规的核准以及在自治实体财政制度规定的原则和规则，重新制定了学生福利基金的法律架构以及订立了更加适合于促进澳门当时教育制度目标发展的社会暨教育援助制度，即第 62/94/M 号法令，核准学生福利基金以及社会暨教育援助的新制度，并废除了第 17/90/M 号法令和第 18/90/M 号法令（见表 3—28）：

表 3—28　　　　　　　　学生福利基金相关的法令

名称	颁布时间	主要内容
第 17/90/M 号法令	1990 年 5 月 14 日	关于核准管制学生福利活动之规则及设立学生福利基金及咨询委员会
第 18/90/M 号法令	1990 年 5 月 14 日	关于订定学生福利基金和学生福利基金咨询委员会性质及运作规则、撤销助学金基金会——若干撤销
第 62/94/M 号法令	1994 年 12 月 19 日	核准学生福利基金及社会暨教育援助之新制度——废除五月十四日第 17/90/M 号法令及第 18/90/M 号法令

学生福利基金是具有法律人格的基金，具有行政、财政以及财

产自治权,并且附属于教育暨青年司而运作,它的宗旨是为资助社会暨教育援助的活动,以期通过系列的经济援助、对学生的援助来完善学校的补充服务,进而推进免费教育的发展进程。第62/94/M号法令订立的有关学生福利基金制度,对学生福利基金的性质、职责、预算、管理、运作、援助等做出了详尽的规定。学生福利基金的组织架构和教育发展基金相近,也是由行政管理委员会对其进行全面的管理。其运作方式①主要是:行政管理委员会每月举行两次平常会议,并且可以由主席或者任何一位行政管理委员会的成员进行提议而举行特别的会议。决议结果取决于出席成员的多数票,而主席具有决定性的一票。

现时学生福利基金为学生提供经济援助的类别有:学费援助、膳食津贴及学习用品津贴、学生保险服务,以及牛奶和豆奶计划等。学生福利基金的援助包括经济援助、学费津贴、取得文教用品的津贴、助学金、其他津贴、援助的补充服务。而支撑学生福利津贴提供的经济援助其经费来源途径同样多样,尤其是有以下的资金来源途径:②澳门地区总预算中为基金的拨款以及津贴;鉴于一般法例的规定,由公共机构以及私人机构给予的津贴;本身财产或者可享有收益的财产的利息或其他收益;向官方教育场所以及教青司举办的葡萄牙语课外课程支付的报名费、学费的款项;源于有偿方式而出借青年旅舍以及出售教青司出版的教科书和其他刊物所得的款项;退回助学金的款项;支付学校食堂所提供膳食的款项;以往经济年度的结余;所接受的赠与、遗产、遗赠以及任何的捐赠;分配的基金的其他收入。

为保障澳门教育素质的不断提升,澳门特区政府持续增加教育

---

① 参见第62/94/M号法令《核准学生福利基金及社会暨教育援助之新制度——废除五月十四日第17/90/M号法令及第18/90/M号法令》,澳门特别行政区政府印务局《公报》,第51期,第一组,1994年12月19日。

② 同上。

经费的投放，学生福利基金支撑力度得以不断增强，学生福利基金
继续通过不同的资助方式，协助经济困难的学生就学以及继续升读
高等教育课程。1999/2000 学年至 2015/2016 学年学生福利基金发
放的情况如表 3—29 所示：

表 3—29　　1999/2000 学年至 2015/2016 学年学生福利基金发放的情况①

学年	学生福利基金（澳门币，万元）
1999/2000	8476
2000/2001	9735
2001/2002	9978
2002/2003	11172
2003/2004	12053
2004/2005	13028
2005/2006	14452
2006/2007	14683
2007/2008	11849
2008/2009	15307
2009/2010	17955
2010/2011	20851
2011/2012	23709
2012/2013	23707
2013/2014	32467
2014/2015	33750
2015/2016	32490

四　小班制教学的相关制度

由于受到出生率下降等因素的影响，澳门特区中小学生的总人

---

① 　数据来源于 2005—2015《教育数字概览》、2016—2017《非高等教育统计数据概览》、
2002—2016《教育暨青年局年刊》，2017 年 12 月 24 日澳门特别行政区政府教育暨青年局的官方
网站（http：//portal. dsej. gov. mo/webdsejspace/internet/Inter_main_page. jsp？id = 2284）。

数呈现下降的发展趋势，澳门特区政府以此为教育发展的良好契机，自 2001/2002 学年开始推行小班制教学。小班制就是基于澳门人口出生率并为优化班师比和师生比进而提高教育质量而推行的一种教学制度。它既具有法律和制度方面的保障，也具有经费方面的支持。

据《纲要法》第 23 条，教育行政当局协助和促进学校课程和教学的发展，包括鼓励和支持学校推行小班教学，并实施优化班师比和师生比资助计划。根据第 19/2006 号行政法规《免费教育津贴制度》第 9 条第三款的规定和最新的第 162/2017 号行政长官批示，调整了资助金额，"对加入免费教育学校系统的私立学校，小学教育的班级学生人数为 25—35 人的，可获得澳门币 1012900 元的津贴；初中教育的班级学生人数为 25—35 人的，可获得澳门币 1234600 元的津贴；高中教育的班级学生人数为 25—35 人的，可获得澳门币 144400 元的津贴"①。

澳门特区政府自 2001 年开始推行小班制，透过资助增加中学学位，促进小学教育实现小班教学。小班制的推行分几个时期来逐渐完善，于 2007/2008 学年将有关计划拓展至小学教育阶段，于 2008/2009 学年拓展至中学阶段。而在班师比方面的条件设定，分别为小学教育是 1∶1.8，中学教育是 1∶2.1，师生比方面各教育阶段的设定均为 1∶25。只要合乎班师比或师生比的其中一项规定，每班便可获澳门币 5 万元的津贴。澳门中小学生的总人数由 1999/2000 学年的 79362 人，减少至 2015/2016 学年的 55181 人，为小班制的推行奠定了现实基础。到 2016/2017 学年，小班教学已经延伸到高中教育的二年级阶段。班师比方面，2016/2017 学年小学和中

---

① 数据来源于澳门特别行政区政府印务局《公报》：《第 162/2017 号行政长官批示，调整第 19/2006 号行政法规〈免费教育津贴制度〉第六条第一款（一）至（三）项所定的免费教育津贴金额》，第 23 期，第一组，2017 年 6 月 5 日。

学教育阶段已分别优化至 2.1 和 2.7；师生比方面，小学和中学教育阶段分别优化至 13.5 和 10.1。具体的 1999/2000 学年至 2016/2017 学年小学和中学的平均每班学生的人数、师生比、班师比如表 3—30、表 3—31、表 3—32 所示：

表 3—30   1999/2000 学年至 2015/2016 学年平均每班学生人数①

学年	小学	初中	高中
1999/2000	45.7	43.1	39.2
2000/2001	43.3	43.7	43.7
2001/2002	42.3	45.1	40.5
2002/2003	40.3	44.9	40.8
2003/2004	37.8	44.3	41.2
2004/2005	36.8	43.6	41.1
2005/2006	35.6	42.3	40.8
2006/2007	34.2	39.8	39.5
2007/2008	32.6	37.9	37.8
2008/2009	31.0	35.5	35.0
2009/2010	29.7	34.7	34.3
2010/2011	28.9	34.4	33.5
2011/2012	27.6	33.7	32.4
2012/2013	27.1	32.5	32.3
2013/2014	27.1	30.6	31.8
2014/2015	27.9	28.3	30.9
2015/2016	28.7	28.2	28.9
以下为其他国家/地区 2006 年的数字			
其他国家/地区	小学	初中	高中
中国香港	32.2	—	—

① 数据来源于 2005—2015《教育数字概览》、2016—2017《非高等教育统计数据概览》、2002—2016《教育暨青年局年刊》，2017 年 12 月 24 日澳门特别行政区政府教育暨青年局的官方网站（http：//portal. dsej. gov. mo/webdsejspace/internet/Inter_main_page. jsp？id＝2284）。

其他国家/地区	小学	初中	高中
中国台湾	29.0	34.9	—
OECD 国家平均	21.5	24.0	—

表 3—31　　　　　1999/2000 学年至 2016/2017 学年师生比①

学年	小学	中学
1999/2000	1∶31.4	1∶24.1
2000/2001	1∶29.5	1∶24.3
2001/2002	1∶28.7	1∶24.4
2002/2003	1∶27.2	1∶25.2
2003/2004	1∶25.4	1∶23.2
2004/2005	1∶24.4	1∶22.6
2005/2006	1∶22.6	1∶21.2
2006/2007	1∶20.9	1∶20.3
2007/2008	1∶18.9	1∶19.0
2008/2009	1∶17.3	1∶17.1
2009/2010	1∶16.1	1∶16.2
2010/2011	1∶14.8	1∶14.8
2011/2012	1∶14.1	1∶14.4
2012/2013	1∶13.7	1∶13.1
2013/2014	1∶13.7	1∶12.2
2014/2015	1∶14.1	1∶11.4
2015/2016	1∶13.9	1∶10.7
2016/2017	1∶13.5	1∶10.1

①　数据来源于 2005—2015《教育数字概览》、2016—2017《非高等教育统计数据概览》、2002—2016《教育暨青年局年刊》，2017 年 12 月 24 日澳门特别行政区政府教育暨青年局的官方网站（http：//portal. dsej. gov. mo/webdsejspace/internet/Inter_main_page. jsp？ id＝2284）。

表 3—32　　　　　　**1999/2000 学年至 2016/2017 学年班师比①**

学年	小学	中学
1999/2000	1∶1.5	1∶1.8
2000/2001	1∶1.5	1∶1.8
2001/2002	1∶1.5	1∶1.8
2002/2003	1∶1.5	1∶1.7
2003/2004	1∶1.5	1∶1.9
2004/2005	1∶1.5	1∶1.9
2005/2006	1∶1.6	1∶1.9
2006/2007	1∶1.6	1∶1.9
2007/2008	1∶1.7	1∶2.0
2008/2009	1∶1.8	1∶2.1
2009/2010	1∶1.8	1∶2.1
2010/2011	1∶1.9	1∶2.3
2011/2012	1∶2.0	1∶2.3
2012/2013	1∶2.0	1∶2.5
2013/2014	1∶2.0	1∶2.6
2014/2015	1∶2.0	1∶2.6
2015/2016	1∶2.1	1∶2.7
2016/2017	1∶2.1	1∶2.7

五　中小学学生考核

（一）学校内部考核

《纲要法》第 25 条对学生的评核的依据、目的、方式、类型进行了规定：对学生的评核以有关教育阶段和教育类型所设定的目标和相关基本学力要求为依据；对学生学习的评核以促进学生的学习成功为主要目的，并通过多元评核的方式进行；评核的类型包括形

---

①　数据来源于 2005—2015《教育数字概览》、2016—2017《非高等教育统计数据概览》、2002—2016《教育暨青年局年刊》，2017 年 12 月 24 日澳门特别行政区政府教育暨青年局的官方网站（http：//portal. dsej. gov. mo/webdsejspace/internet/Inter_main_page. jsp？id＝2284）。

成性评核、总结性评核、特别评核以及检定评核。

根据《纲要法》第 25 条第四款的规定，学生的评核制度应由专有法规订定，而《十年规划》亦提出"促进评核方式的多元化，强化学习辅导，提升学生的学习成效，审视和完善学校的评核和升留班制度，促进所有学生学习成功，减低留级率"[①]。非高等教育委员会于 2012 年 2 月 24 日全体会议上达成共识，成立"学生评核制度"专责小组，主要工作是对澳门特区的学生评核制度进行讨论。这一专责小组的参与成员共有 17 人，在 2012 至 2014 年共举行了十一次会议。具体小组成员如表 3—33 所示：

表 3—33   非高等教育委员会"学生评核制度"专责小组成员[②]

小组成员	
职务	姓名
教育暨青年局局长	梁 励
教育暨青年局副局长	郭小丽
社团名称	代表
澳门中华教育会	何少金
澳门天主教学校联会	杨慧青
澳门社会科学学会	王国强
澳门中华总商会	余健楚
澳门青年研究协会	李 略
澳门中华学生联合总会	刘嘉翀
姓名	
吴俊文	

---

① 二○一二年财政年度施政报告：《附录五：〈非高等教育发展十年规划（2011—2020）〉》，2011 年 11 月 15 日，第 121—134 页。

② 参见 2017 年 12 月 24 日，澳门非高等教育委员会资讯网（http://www.dsej.gov.mo/ce/index.html? timeis = Wed%20Apr%2004%2011：20：03%20GMT+08：00%202018&&）。

续表

列席成员	
社团名称	代表
澳门童军总会	梁少培
澳门生产力暨科技转移中心	孙家雄
姓名	
尤端阳	
吕硕基	
朱国权	
欧阳国健	
李润基	
关佩珊	

（二）学生能力国际评估计划（PISA）

"学生能力国际评估计划"（Programme for International Student Assessment，简称PISA），由"经济合作与发展组织"（Organization for Economic Co – operation and Development，简称OECD）策划，以3年为一周期评估参与国家或者经济体的15岁中学生的阅读、数学、科学三种素养。澳门特区政府自2003年开始参加学生能力国际评估计划，至今共参加了五届。

PISA 2015 的测试其评核焦点是科学素养，澳门15岁学生在PISA 2015 的数学、科学和阅读素养测试中的表现稳步提升，在参与测试的72个国家/经济体中，"科学素养得分529，位列第6；阅读素养得分509，位列第12；数学素养得分544分，位列第3"[1]。同时，澳门被OECD评为具有优质教育且教育公平的五个国家/经济体之一，能为学生群体提供优质且公平的教育，是全球兼具高教

---

① 数据来源于2017年5月3日，经济合作与发展组织的官方网站（http://www.oecd.org/）。

育质量和教育公平的五个教育系统之一。澳门 15 岁学生在 PISA 测试中的表现（2003—2015 年）如表 3—34 所示：

表 3—34　　澳门 15 岁学生在 PISA 测试中的表现（2003—2015 年）①

| 指标名称 | PISA 2003 | PISA 2006 | PISA 2009 | PISA 2012 | PISA 2015 |
	澳门平均分	澳门平均分	澳门平均分	澳门平均分	澳门平均分
15 岁学生数学能力	527	525	525	538	544
15 岁学生科学能力	525	511	511	521	529
15 岁学生阅读能力	498	492	487	509	509

（三）全球学生阅读能力进展研究（PIRLS）

"全球学生阅读能力进展研究"（Progress in International Reading Literacy Study，简称 PIRLS），是一项由"国际教育成绩评估协会"（International Association for the Evaluation of Educational Achievement，简称 IEA）组织的研究计划。这一项计划自 2001 年起每 5 年进行一次，其研究的主要目的是科学地评估小学四年级学生的阅读能力和水平，探讨影响学生阅读能力的因素，研究结果作为改善阅读教育政策、教学方法以及阅读习惯的依据，以进一步提升学生的阅读能力。澳门特区政府于 2016 年首次参加这项国际性的研究，2016 年 5 月已完成有关测试，共有 56 所学校的 4059 名小学四年级学生参加。于 2017 年 12 月 6 日，非高等教育委员会和青年事务委员会举办了联合座谈会，会议上谢锡金教授报告了 PIRLS 澳门学生的阅读表现，② 研究结果显示，澳门阅读教育资源丰富，学

---

① 数据来源于 2017 年 5 月 3 日，经济合作与发展组织的官方网站（http：//www. oecd. org/）。

② "非高等教育委员会和青年事务委员会举行联合座谈会"，2017 年 12 月 6 日。2018 年 1 月 3 日，澳门特别行政区政府教育暨青年局的官方网站（http：//portal. dsej. gov. mo/webdse-jspace/internet/Inter_main_page. jsp？id＝63266&）。

生的表现位于国际平均水平之上。

六　制度和实践中的问题

澳门行政长官表示对教育的资源投放将会继续加大，"争取五年内提升教育占预算开支的比例"①，这与《十年规划》中的"在政府财政预算中有限保障教育投入"和"将非高等教育的开支在政府公共总开支中所占的比例提高到理想水平"的要求具有一致性。但是在加大教育投入的同时，需要对以下问题予以重视和审慎思考。

第一，目前教育经费的投入越来越大，并且大部分经费都投向私立教育机构，这就需要加强对教育经费使用的监察。尤其是对私立学校的监察，需要配合第 3/2012 号法律《私框》、第 38/93/M 号法令《私立教育机构通则》的要求，加紧修订有关私校会计制度的法律规范，对公帑的运用实施有效的监管，促进教育经费使用的合理性及有效性的提升。

第二，为充分发挥教育发展基金教育经费的储备功能和政策引导作用，需要深入研究其科学有效的运作方式，建立教育经费投入的恒常机制。教育发展基金于 2007 年成立以来，预算不断增加，但一直以年度预算的方式运行。而《十年规划》要求透过分阶段财务拨备，有步骤地增加教育发展基金的规模，充分发挥其教育经费的储备和调节功能，强化其对非高等教育发展的政策引导和财政扶持作用。由此，教育发展基金的运作方式还需要不断完善，从而达到有效促进澳门特区教育发展的目的。

---

① "谭俊荣到访两教育团体听取施政报告"，2015 年 1 月 4 日。2018 年 1 月 4 日，澳门特别行政区政府新闻局的官方网站（http://www.gcs.gov.mo/showNews.php? DataUcn = 85270&PageLang = C）。

第五节 管理机构、咨询组织与专业团体

教育暨青年局是一个构思、领导、协调、管理和评核非高等教育、辅助青年及其社团的政府部门，非高等教育范畴内含中小学教育，教青局的相关委员会，即非高等教育委员会、青年事务委员会、课程改革及发展委员会、教学人员专业委员会以及各社团组织对中小学教育的影响力较大，构成了中小学教育的咨询组织和专业团体。本部分将从组成方式、运作方式、成员数量及其在组织中的角色地位对上述各个咨询组织和专业团体做简要介绍。

一 教育暨青年局

澳门总督于 1993 年 12 月 21 日按照《澳门组织章程》第 13 条第一款的规定，制定了在澳门地区具有法律效力的条文，第 81/92/M 号法令《订定教育暨青年司现组织架构》，规定了教青局的性质、职责及权限、组织结构及其工作人员。第 26/97/M 号法令《学校督导活动之法律体系》第一条规定，教青司有权限进行学校督导。学校督导的目的为了监察以及评估非高等教育体系的教学质量。所监督学校涵盖了澳门特区内所有的中小学校，即包括教青司的从属的机构和私立教育机构。教青局是一个构思、指导、协调、管理以及评核非高等教育各项教育和辅助青年及其社团的组织单位，秉持着提供快捷、简便、公平以及优质的服务给市民的信念，旨在促进教育平等，建构青年全人发展的优良环境，提升澳门特区整体的教育发展质量以及青年的综合素质。

教青局主要职能[1]包括：（1）执行教育及青年政策；（2）发展各类教育，为教育机构的良好运作提供所需要的条件；（3）确保实

---

① 参 2017 年 5 月 3 日，澳门特别行政区政府教育暨青年局网站（http://www.dsej.gov.mo）。

行持续教育的原则以及所有居民享受教育的权利；（4）鼓励并发展有助于文化推广以及青年和谐融入社会的培训工作；（5）订定教育及青年活动的年度和跨年度计划；（6）负责为有特殊教育需要的学生融入社群提供条件；（7）定期评核教育制度，以保证教学法的革新以及配合特区社会经济发展的实况；（8）推行订立私立教育的规章；（9）协调以及监察公立和私立学校的教育活动等；（10）推动学校系统的发展；（11）提供学生福利。

教青局辖下的组织单位有教育研究暨资源厅、教育厅、青年厅、学校管理及行政厅、社会暨教育辅助处、学校督导。辖下的单位组织具有不同的职责以及下设机构，现任澳门教青局的组织架构如图3—6所示：

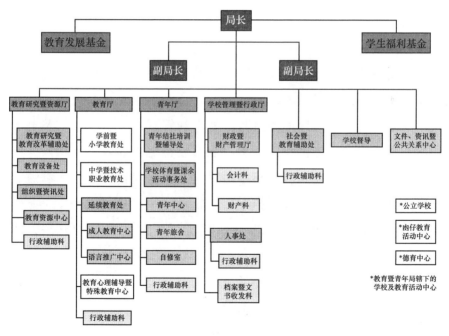

图3—6　教育暨青年局组织架构①

---

① 参见2017年5月3日，澳门特别行政区政府教育暨青年局网站（http：//www.dsej.gov.mo）。

教育研究暨资源厅的职责是，以持续和有系统的方式去探索、辨识以及研究与教育和青年有关的课题，建议解决的办法和对其予以关注和评估，从而对教育和青年政策的制定做出实际贡献，尤其是推动课程的发展，制订和协调教师培训计划，促进教育设施的现代化和推动资讯科技教育的长效发展。教育研究暨资源厅下设教育研究暨教育改革辅助处、教育设备处、组织及资讯处以及行政辅助科。

教育厅的职责是，指导和持续关注学校以及教育机构的运作状况，并开展工作以改善在正规教育和持续教育范畴内的教育。教育厅下设学前暨小学教育处、中学暨技术职业教育处、延续教育处以及行政辅助科。

青年厅的职责是，支持、鼓励以及促进实行青年主动提出的各项活动，并创设可行的现实条件，以落实和发展整体且统合的青年政策，尤其在文化以及公民教育、结社、文娱活动和与其他国家地区青年交流等范畴。青年厅下设青年结社培训暨辅导处、学校体育暨课余事务处以及行政辅助科。

学校管理暨行政厅的职责是，处理和管理人力、财务以及财产资源，使教青局辖下部门以及组织能够获得更大的效率和功效，并且确保整个教育制度发展的辅助情况。学校管理暨行政厅下设财政暨财产管理处、人事处以及档案文书收发科。

社会暨教育辅助处的职责是，辅助学生福利基金的开展，研究、构思、策划和推行学生福利工作计划，按需要和可动用的资源对私立教育给予支持和经费津贴，下设有行政辅助科。

学校督导员负责监管教育的教学素质，协助教育机构素质的评核，监察整个教育制度的行政及财政效益。

二　非高等教育委员会

在第 17/2010 号行政法规《非高等教育委员会的组织及运作》

正式生效后，原教育委员会的名称调整为非高等教育委员会。非高等教育委员会汇集了社会各界的力量，通过参与、协调、合作和检讨等各项工作开展来促进教育的发展。教青局负责向委员会提供行政辅助和后勤支持，并承担有关运作所引致的财政负担。

非高等教育委员会的职权①主要是对下列事宜发表意见和提出建议：（1）非高等教育范畴的施政方针；（2）非高等教育政策的制定、跟进以及评核；（3）交予其讨论的有关非高等教育范畴的法规草案；（4）委员会主席交予其讨论的事项。

非高等教育委员会的运作方式②是以全体大会和专责小组相结合的方式运行。全体大会分为平常会议和特别会议，平常会议每年召开四次，特别会议由主席提出或者应至少三分之一的成员的要求而召开。非高等教育委员会决议设立多个专责小组，负责对教育政策的专题进行研究、跟进，并提出建议和提交报告，专责小组属临时性质，由委员会主席指定不多于九名的成员组成，并指定其中一名成员作为协调员。现有的专责小组有："职业技术教育"专责小组、"回归教育课程发展"专责小组、"学生评核制度"专责小组、"课程改革及发展"专责小组、"澳门非高等教育发展十年规划"专责小组。

非高等教育委员会在组织架构③上有主席一名、副主席一名、秘书一名、公共部门代表两名、当然兼任的成员一名、社团委员若干（现有13名）、个人委员（现有11名）。其中，主席由社会文化司司长担任；副主席由教青局局长担任；秘书由经主席根据副主席的建议在教青局的工作人员中指定一名人员专门执行秘书职务（秘书参加委员会的会议，但无表决权）；公共部门代表由社会文化司

①　参见第 17/2010 号行政法规《非高等教育委员会的组织及运作》，澳门特别行政区政府印务局《公报》，第 32 期，第一组，2010 年 8 月 9 日。

②　同上。

③　同上。

司长办公室代表、教青局副局长担任；当然兼任的成员由高等教育辅助办公室主任或其代表担任；社团委员由依法成立的社团其领导代表组成，最多 14 人；个人委员由具有公认功绩人士、教育范畴的专家或学者、学校校长或其他中高层管理人员和教师组成，最多 11 名。现任澳门非高等教育委员会成员组成如表 3—35 所示：

表 3—35 非高等教育委员会成员①

委员会的组成	职务	姓名	任期	
			开始	终止
主席	社会文化司司长	谭俊荣	—	—
副主席	教育暨青年局局长	梁励	—	—
公共部门代表	社会文化司司长办公室顾问	惠程勇	2015.12.20	2017.12.19
	教育暨青年局副局长	郭小丽	2016.04.01	2017.10.27
当然兼任的成员	高等教育辅助办公室主任	苏朝晖	—	—

	社团名称	代表	职务	开始	终止
社团委员	澳门中华教育会	陈虹	理事长	2016.10.06	2018.10.05
	澳门天主教学校联会	周伯辉	会长	2016.10.06	2018.10.05
	澳门管理专业协会	包敬焘	副理事长	2016.10.06	2018.10.05
	澳门土生教育协进会	飞文基	管理委员会主席	2016.10.06	2018.10.05
	澳门成人教育学会	黄伟杰	秘书长	2016.10.06	2018.10.05
	澳门公职教育协会	刘文尧	理事长	2016.10.06	2018.10.05
	澳门童军总会	梁诗蓓	副澳门总监	2016.10.06	2018.10.05
	澳门发展策略研究中心	郭敬文	监事长	2016.10.06	2018.10.05
	澳门社会科学学会	王国强	副理事长	2016.10.06	2018.10.05
	澳门中华总商会	黄佩珊	理事	2016.10.06	2018.10.05

① 2017 年 5 月 3 日，澳门特别行政区政府非高等教育委员会资讯网（http：//www.dsej.gov.mo/ce/index.html？timeis = Wed% 20May% 2003% 2013：41：17% 20GMT + 08：00% 202017&&）。

续表

委员会的组成	职务		姓名	任期	
				开始	终止
社团委员	澳门青年研究协会	庞　川	会员大会主席	2016.10.06	2018.10.05
	澳门中华学生联合总会	梁子豪	常务副主席	2016.10.06	2018.10.05
	澳门生产力暨科技转移中心	孙家雄	理事长	2016.10.06	2018.10.05
个人委员	姓名			开始	终止
	万群			2016.10.06	2018.10.05
	黎世祺			2016.10.06	2018.10.05
	苏辉道			2016.10.06	2018.10.05
	许世华			2016.10.06	2018.10.05
	何桂铃			2016.10.06	2018.10.05
	蓝中港			2016.10.06	2018.10.05
	汪东			2016.10.06	2018.10.05
	温素玲			2016.10.06	2018.10.05
	符霖甘			2016.10.06	2018.10.05
	凌永申			2016.10.06	2018.10.05
	陈翠欣			2016.10.06	2018.10.05

三　青年事务委员会

青年事务委员会，刚成立时被称为"青年委员会"，最早由第103/88/M号法令设立，是一个咨询机构，重要职责是协助政府拟订青年政策以及透过青年组织的积极参与，确保行政当局所推广和施行的有关计划、措施和工作的有序衔接。其后因应社会发展的需要而先后透过第65/92/M号法令以及第12/2002号行政法规调整其组织、架构及运作，进一步明确青年事务委员会的宗旨是在订定青年政策和评估有关政策的实施方面，向社会文化司司长提供辅助，就青年政策的订定和实施有关政策的评估方面提供专业建议和意见的咨询机构，教青局为该委员会提供所需技术、行政和财政辅助。

其后再由第 6/2012 号行政法规修改第 12/2002 号行政法规，继而规范了青年事务委员会的组织、架构及运作方式，增加青年事务委员会内公共部门的代表、不再强制每三个月举行一次平常会议、扩大各专责小组成员的人数以及增设秘书一职，以协助委员会的有序运作。

2014 年，青年事务委员会共举行 3 次全体会议，1 次非高等教育委员会、青年事务委员会联合座谈会，以及 10 次专责小组会议。另外，为表彰在澳门特区青年工作上卓有成就的青年社团和个人，青年事务委员会每年都会进行"青年奖项"的评审和颁授工作，奖项于 1998 年 3 月透过第 16/SAAEJ/98 号批示设立，并于 1998 年进行首次颁发，其后透过第 129/2006 号社会文化司司长批示，订定了《青年奖项颁授规章》。2017 年 11 月，第 103/2017 号社会文化司司长批示对青年奖项的分类和奖励形式做了调整。

青年事务委员会的运作方式①是由全体大会和专责小组相结合。全体大会分为平常会议和特别会议，平常会议每年举行四次，特别会议则由主席提出或者应至少有三分之一成员的要求而召开。如果有需要为提出委员会的意见或者建议而进行事先的研究工作，则根据决议组成专责小组，为制定和推动澳门特区青年政策和青年义务工作提供意见。现有专责小组有："澳门青年政策"专责小组、"关注青年义务工作"专责小组、"澳门青年指标体系"专责小组、"澳门青年全人发展策略咨询"专责小组、"澳门青年研究"专责小组等。

青年事务委员会在组织架构②上有主席一名、副主席一名、秘

---

① 参见第 6/2012 号行政法规《修改规范青年事务委员会的组织、架构及运作方式的第 12/2002 号行政法规》，澳门特别行政区政府印务局《公报》，第 8 期，第一组，2012 年 2 月 20 日。

② 同上。

书一名、当然兼任的成员若干名（现有 7 名）、社团委员若干名（现有 15 名）、个人委员若干名（现有 9 名）。其中，主席由社会文化司司长担任；副主席由教青局局长担任；秘书由经主席根据副主席的建议在教青局的工作人员中指定一名人员专门执行秘书职务（秘书参加委员会的会议，但无表决权）；当然兼任的成员由社会工作局局长或其代表、体育发展局局长或其代表、劳工事务局局长或其代表、法务局局长或其代表、保安协调办公室主任或其代表、高等教育辅助办公室主任或其代表、由委员会主席委任的教青局副局长组成；社团委员由委员会主席委任青年、教育、经济、文化及社会互助范畴等的社团或机构的领导人或其代表组成，最多 15 名；个人委员由委员会主席委任具有公认功绩的人士组成，最多 10 名。现任青年事务委员会成员的组成如表 3—36 所示：

表 3—36　　　　　　　　青年事务委员会成员①

委员会的组成	职务	姓名	任期
主席	社会文化司司长	谭俊荣	—
副主席	教育暨青年局局长	梁　励	—
当然兼任委员	社会工作局局长	黄艳梅	—
	体育局局长	潘永权	—
	劳工事务局局长	黄志雄	—
	法务局局长	刘德学	—
	保安协调办公室主任	徐礼恒	—
	高等教育辅助办公室主任	苏朝晖	—
	教育暨青年局副局长	老柏生	—

① 2017 年 5 月 3 日，青年事务委员会资讯网（http：//www. dsej. gov. mo/ ~ webdsej/www_ricj/index. html？ timeis = Wed% 20May% 2003% 2016：39：18% 20GMT + 08：00% 202017&&）。

续表

委员会的组成	职务		姓名	任期	
	社团名称	代表	职务	开始	终止
社团委员	澳门童军总会	周成俊	副澳门总监	2016.06.10	2018.06.09
	国际青年商会中国澳门总会	劳锦辉	上任会长	2016.06.10	2018.06.09
	澳门中华总商会	马志达	理事兼青年委员会副主任	2016.06.10	2018.06.09
	澳门工会联合总会	林翔宇	青年中心主任	2016.06.10	2018.06.09
	澳门街坊会联合总会	施守纪	青年事务委员会副主任	2016.06.10	2018.06.09
	澳门中华学生联合总会	吴碧珊	秘书长	2016.06.10	2018.06.09
	澳门福建青年联会	张学森	常务副会长	2016.06.10	2018.06.09
	澳门妇女联合总会	陈斯茵	青年中心助理主任	2016.06.10	2018.06.09
	澳门厂商联合会	何汉辉	常务理事	2016.06.10	2018.06.09
	澳门中华新青年协会	周永豪	理事长	2016.06.10	2018.06.09
	澳门义务工作者协会	廖玉群	理事长	2016.06.10	2018.06.09
	澳门基督教青年会	温思健	执行干事	2016.06.10	2018.06.09
	圣公会澳门社会服务处	阮丽梅	协调主任	2016.06.10	2018.06.09
	天主教澳门教区	赵珠青	教区青年牧民中心总干事	2016.06.10	2018.06.09
	澳门青年联合会	陈敬濂	副理事长	2016.06.10	2018.06.09
个人委员	姓名			开始	终止
	赖百龄			2016.06.10	2018.06.09
	李玉培			2016.06.10	2018.06.09
	周惠仪			2016.06.10	2018.06.09
	陈志峰			2016.06.10	2018.06.09
	夏俊英			2016.06.10	2018.06.09

续表

委员会的组成	职务	姓名	任期	
	姓名		开始	终止
个人委员	梁伟业		2016. 06. 10	2018. 06. 09
	刘展瑞		2016. 06. 10	2018. 06. 09
	钟楚霖		2016. 06. 10	2018. 06. 09
	颜奕萍		2016. 06. 10	2018. 06. 09

四　课程改革及发展委员会

行政长官行使《基本法》第 50 条赋予的职权，通过第 102/2006 号行政长官批示设立课程改革及发展委员会，葡文缩写为"CRDC"。课程改革及发展委员会的宗旨是按照教育范畴既定的总目标，构思、规划、执行以及评估非高等教育各级别的课程组织新框架及其相关的标准。课程改革及发展委员会在运作上所需要的后勤、行政和技术辅助，由教青局的预算承担。

课程改革及发展委员会有下列职责：[1]（1）依据非高等教育各级别的课程组织新总框架的订定，推动进行研究；（2）按照政府的指引，订定和提出课程组织总框架的构思和确立应当遵照的指导性方针；（3）制订课程组织总框架的发展计划；（4）订定课程组织新总框架的执行以及落实的策略，和相关的标准；（5）在落实课程组织新总框架的过程中，与澳门特区的教育机构进行合作；（6）就落实课程组织的新总框架后取得的成果，协调相关的定性程序和持续综合评估；（7）就改良和发展课程组织新总框架的相关行为，发表意见、建议标准以及规范；（8）在进行评估后，如果认为有需要，继而指导制定法规草案。

---

[1]　参见第 102/2006 号行政长官批示《设立〈课程改革及发展委员会〉》，澳门特别行政区政府印务局《公报》，第 18 期，第一组，2006 年 5 月 2 日。

在组织架构和运作方式①方面，课程改革及发展委员会隶属于社会文化司司长，并在其指导下运作，由下列人士组成：教青局局长，并由其任主席；教青局负责领导教育研究暨资源厅的副局长。课程改革及发展委员会为了实现其宗旨，在主席建议下，可以向其他部门要求派驻或者征用人员，还可以根据经 12 月 21 日第 87/89/M 号法令核准的《澳门公共行政工作人员通则》第 21 条的规定或者透过订立包工合同聘用人员。因工作需要，社会文化司司长可以许可在教育范畴有公认功绩的人士参加会议。课程改革及发展委员会可加入属常设性质或临时性质的专责小组委员会。专责小组委员会的权限、运作期限和运作方式由课程改革及发展委员会订定。

五 教学人员专业委员会

教学人员专业委员会是一个由学校领导、教育领域社团代表、教青局代表、具有公认教育功绩的人士、教育领域专家以及教师所组成的专责委员会。其成立的初衷是为了配合第 3/2012 号法律《私框》的实施，主要职权是制定教学人员专业标准、教学人员专业发展活动时数的审核准则、"卓越表现教师"荣誉的颁发细则，并为提前晋级、评审职级及申诉等工作向教青局提供意见。2012 年 9 月 1 日生效的第 147/2012 号社会文化司司长批示订立了教学人员专业委员会的运作方式。

教学人员专业委员会就 2015/2016 学年"卓越表现教师"荣誉颁授工作设立专责小组进行前期评审工作，邀请了海峡两岸暨港澳地区著名的教育专家学者组成评审专家小组来进行评审工作。经过教青局收集和整理学校提名的资料后，评审专家小组分别开展文件分析和面谈两个评审程序，专责小组根据评审专家的意见来完成对

---

① 参见第 102/2006 号行政长官批示《设立〈课程改革及发展委员会〉》，澳门特别行政区政府印务局《公报》，第 18 期，第一组，2006 年 5 月 2 日。

被提名教师的前期评审报告书。最后，教学人员专业委员会在全体会议通过 15 名教师获授"卓越表现教师"荣誉，当中包括中、小、幼各教育阶段和特殊教育的教师。

教学人员专业委员会的运作方式①是全体会议和专责小组相结合。全体会议分为平常会议和特别会议，平常会议每年召开四次，特别会议由主席提出或者应至少三分之一成员的要求而召开。教学人员专业委员会可以议决设立专责小组，负责对委员会交予的事项进行研究和跟进，并编制建议书或者报告书，专责小组可属常设性质或临时性质，由委员会主席指定不少于三名成员组成，并指定其中一名成员为协调员，负责召集和主持专责小组会议，协调员可以邀请对商议事项有认识或者有经验的人士来列席专责小组会议，但是该等人士无表决权。

教学人员专业委员会在组织架构②上有主席一名、副主席一名、秘书一名、学校领导三名、社团代表两名、教师代表四名。其中，主席由教青局的局长担任；副主席由澳门大学教育学院副院长担任；秘书由经主席根据副主席的建议在教青局的工作人员中指定一名人员专门执行秘书职务（秘书参加委员会的会议，但无表决权）；学校领导由澳门培正中学校长、澳门坊众学校校长、化地玛圣母女子学校校长担任；社团代表有澳门中华教育会副理事长、澳门天主教学校联会校长理事；教师代表有教师张月嫦，若其不在或者因故不能视事时，由教师何佩芝代任；教师吴宇庭，若其不在或者因故不能视事时，由教师高震宇代任；教师林诗雅，若其不在或者因故不能视事时，由教师罗丽珊代任；教师王碧霞，若其不在或者因故不能视事时，由教师冯燕娴代任。现任澳门教学人员专业委员会成

---

① 参见第 147/2012 号社会文化司司长批示《订定教学人员专业委员会的运作方式》，澳门特别行政区政府印务局《公报》，第 34 期，第一组，2012 年 8 月 20 日。

② 同上。

员的组成如表3—37所示:

表3—37　　　　　　教学人员专业委员会成员①

委员会的组成	职务		姓名	任期	
				开始	终止
主席	教育暨青年局局长		梁　励	2016.09.01	2018.02.06
副主席	澳门大学教育学院副院长		郑振伟	2016.09.01	2018.08.31
	教育暨青年局副局长		郭小丽	2016.09.01	2017.10.27
			施绮莲	2016.09.01	2018.08.31
学校领导	澳门培正中学校长		高锦辉	2016.09.01	2018.08.31
	澳门坊众学校校长		江超育	2016.09.01	2018.08.31
	化地玛圣母女子学校校长		刘丽妹	2016.09.01	2018.08.31
社团代表	社团名称	代表	职务	开始	终止
	澳门中华教育会	郑杰钊	副理事长	2016.09.01	2018.08.31
	澳门天主教学校联会	张锡钊	校长理事	2016.09.01	2018.08.31
教师	姓名			开始	终止
	张月嫦			2016.09.01	2018.08.31
	何佩芝（代任）			2016.09.01	2018.08.31
	吴宇庭			2016.09.01	2018.08.31
	高震宇（代任）			2016.09.01	2018.08.31
	林诗雅			2016.09.01	2018.08.31
	罗丽珊（代任）			2016.09.01	2018.08.31
	王碧霞			2016.09.01	2018.08.31
	冯燕娴（代任）			2016.09.01	2018.08.31

---

① 2017 年 5 月 3 日,澳门特别行政区政府教育暨青年局网站（http://www.dsej.gov.mo）。

第 四 章

澳门中小学教育政策及实践

第一节　澳门中小学德育政策[①]

德育不仅关系到青年一代正确价值观的形成及健康成长，还关系到澳门全体市民的道德水准和整个社会的健康发展。为此，澳门特区政府从现实需要出发，制定了具有前瞻性的非高等教育德育政策，以更好地推动德育工作，持续提升青少年的道德水平，促进和谐社会的发展。

一　历史沿革

澳门中小学德育的核心内容和课程名称是品德与公民教育，经历了三个发展阶段，不同的阶段具有不同的特点。殖民时期，由于澳葡政府对教育采取放任、不介入的态度，大部分澳门学生缺乏国家观念和公民意识，基本处于"臣民型"和"疏远型"的政治文化之中；过渡时期，澳门中小学品德与公民教育以培养公民素质、提升公民意识为主；回归后，则注重培养澳门学生作为国家与特区

---

① 主要参考：澳门特别行政区 2008 年《非高等教育范畴德育政策》；郭晓明：《教材中的身份认同：以澳门小学〈品德与公民〉教材为例》；石欧主编：《教科书评论 2014》，首都师范大学出版社 2015 年版，第 134—153 页。

公民的身份认同,强调品德与公民双重教育。①

(一) 殖民时期的中小学德育 (1887—1987 年)②

1887 年起,葡萄牙对澳门实行殖民统治。这一时期澳葡政府对教育采取放任、不介入的态度,未能对品德与公民教育发挥引导作用,使大部分澳门学生缺乏国家观念和公民意识,处于"臣民型"和"疏远型"的政治文化之中。

澳门中小学品德与公民教育的发展可追溯至清朝末年或民国初年,深受内地教育的影响,呈现自发发展的态势。起初,澳门的教会学校尚无专门的公民教育科目,有关内容主要是在圣史、神学及语言文学、历史地理等课程中进行,而中文学校则采用国内科举教义。1923 年中华民国全国教育联合会颁布了《新学制课程标准纲要》,中文学校始设"修身科",民国初期遂采用"公民科",讲授有关知识。但是,这一阶段的品德与公民教育还很不正规,缺乏系统的计划和安排,教会学校强调慈善为本、信仰上帝,一般学校讲伦理纲常、忠孝等,内容和形式都较单一。

20 世纪 40 年代至 50 年代,受战争影响,中国内地许多学校迁到澳门,为澳门带来了内地的教育方式、课程设置和教材。其中,公民教育课被澳门多数学校接受。20 世纪 50 年代后,澳门经济从复苏到逐步繁荣,各类学校都有较大发展,开设了名目各异、类型繁多的公民教育课,但大部分都没有独立成科。20 世纪 70 年代后,澳门社会受到国际形势和内地形势的冲击,品德与公民教育的发展受到了影响,如部分中学公民教育课时被删减;部分学校改变科目、更改课名为"社会""健康教育""德育"或"伦理"等;无

---

① 范冰川、陈香:《澳门中小学〈品德与公民〉教材的结构和特点》,《青年学报》2015 年第 3 期,第 37 页。

② 主要引用:范冰川、陈香:《澳门中小学〈品德与公民〉教材的结构和特点》,《青年学报》2015 年第 3 期,第 37—42 页;冯增俊主编:《澳门教育概论》,广东教育出版社 1999 年版,第 316—323 页。

统一固定教材，教材主要由各校自编，或由教师自编，甚至由老师在课堂上自由发挥。这时期大多数澳门学校开设的公民教育都认同中华民族的归属意识，开始出现分化，从设单一公民课转向多样化的课程，但尚未形成课程体系。

（二）过渡时期的中小学德育（1988—1998 年）

1987 年《中葡联合声明》签署，澳门进入了长达 12 年的回归过渡期，澳门的教育也处于转型和改革期。在品德与公民教育方面，澳门政府注重培养学生作为国家与特区公民的身份认同，强调品德与公民双重教育；在课程和教材改革方面，澳门逐步形成具有本土化特色、符合社会未来发展需要的课程和教材。[1]

为确保澳门顺利回归祖国，澳门教育界及社会人士意识到进行公民教育的重要性与迫切性，开始采取各种措施，举办一系列教育活动，加强公民教育，提高澳门人的公民意识。1991 年，政府颁布了重要的教育法律《澳门教育制度》，首次为澳门的各级学校教育做出了整体规划，初步绘制了澳葡政府对公民教育的蓝图，指明澳门各级学校培养学生成为良好公民的一些原则。1995年，为进一步强化公民教育，编制了小学和中学的《道德与公民教育大纲》，供澳门各学校遵行。这些法律制度的制定与颁布，表明政府开始重视道德及公民教育，并以正规而有系统的方式进行规范。

（三）回归以后的中小学德育（1999 年至今）

1999 年回归后，澳门政府开展了一系列教育改革，加强了对品德与公民教育的引导与监督。2003 年以来，澳门赌权开放，外资引入，经济出现持续快速增长，建立公平与公义、民主与法治的社会诉求催生着现代各项制度的成熟与完善，社会财富骤增，冲击着原

---

[1]　范冰川、陈香：《澳门中小学〈品德与公民〉教材的结构和特点》，《青年学报》2015 年第 3 期，第 38 页。

有的道德观念，各种道德问题不断出现。促进市民身份认同、提升市民道德水准、增进公民权责观，提高整体素质成为澳门社会的时代主题。面对新形势、新问题，公民素质、公民责任感和理性精神的培育已经成为澳门社会关注的重要议题。

2006 年制定并颁布的《非高等教育纲要法》（以下简称《纲要法》），标志着澳门教育进入了一个新阶段，《纲要法》将学生的"全人发展"作为人才培养的最终目标。根据教育委员会"德育工作咨询小组"的建议，澳门教青局于 2008 年制定了《德育政策》，在德育课程建设方面提出了优先订定品德与公民基本学力要求的政策，提供了政策方向和措施指引，迈出了中小学学生品德与公民教育的第一步；2014 年出台《课程框架》，2015 年出台《基本学力要求》，重点从德育课程建设的角度推进德育政策的现实操作；2016 年出台《五年规划》，将"优先发展教育""加强品德与公民修养，促进学生的全人发展"列为基本政策方向和政策目标，为德育工作提供政策性的指引。通过社会各界力量和广大中小学的共同努力，全面落实各项政策措施，为澳门中小学德育的全面发展提供坚实的后盾。

回归后澳门中小学德育的总体特点是从多元化逐渐走向规范化，逐渐克服"依赖型"教科书的历史遗留问题，人教版澳门《品德与公民》教材的出版，为澳门各学校提供了教材"标杆"。自 2007 年开始澳门教青局优先制定并发布品德与公民课程框架和基本学力要求，继而与教育部直属的人民教育出版社（以下简称"人教社"）合作开发了从小学至高中的澳门《品德与公民》教科书试行版，迈出了教科书本地化的第一步，揭开了澳门公民教育发展史上新的一页。

二　目标与内容

（一）澳门中小学德育政策的主要目标

德育不仅关系到澳门年青一代正确价值观的形成与健康成长，还影响着整个澳门的道德水准和国家的长治久安。《德育政策》对德育目标的规定如下："（1）对家庭、学习的归属感，对国家和民族的认同感，以及爱国爱澳的情怀；（2）正确的价值观、珍爱生命和热爱生活的积极态度、健康的生活方式；（3）对赌博、毒品、色情及暴力等不良影响的辨识能力和抵御能力，以及逆境中抗挫折的能力；（4）自尊、自律、自主、自强、勤奋、城市、礼让，以及有爱心和责任心等个人品质；（5）民主、法治、人权、公义等公民价值观念；（6）合作、尊重、宽容、守信等公民品格；（7）批判思考、理性决断和积极参与社会公共生活的能力；（8）国际视野以及保护环境的意识和能力"。

澳门中小学德育目标可以归纳为两个方面：[①]（1）品德教育，培养厚德尽善的、具有正确价值观、积极生活态度和健康生活方式的"全人"，即实现人的全面发展；（2）公民教育，培养爱国爱澳和遵纪守法的公民。品德教育和公民教育的德育目标，在回归后的澳门中小学教育中一以贯之，不断深化，爱国教育被具体化为培育爱国爱澳精神、国家及民族观念、国家归属感的公民，公民教育被具体化为培育公民意识、防止青少年迷失和误入歧途、预防犯罪、矫正行为偏差、培育全面发展的优秀公民（见表4—1）：

---

① 《非高等教育制度纲要法》对教育总目标的规定如下："相关实体致力培养及促进受教育者爱国爱澳、厚德尽善、遵纪守法的品格，使其有理想、有文化及具备适应时代需求的知识和技能，并养成其健康的生活方式和强健体魄。"

表4—1 回归后澳门中小学德育目标的历年侧重点（2000—2016）①

年份	德育方向、德育目标
2000	爱国主义，公民意识
2001	公民教育，国家及民族观念
2002	品德及公民教育，防止迷失、误入歧途
2003	促进品德教育，公民教育
2004	继续促进品德教育，公民教育
2005	公民意识，文化素养
2006	出台《非高等教育制度纲要法》 爱国爱澳情操，道德教育（道德问题异常突出）
2007	中小学品德与公民教育规范化
2008	出台《非高等教育范畴德育政策》
2009	学校德育工作制度化，本土专业教师培训
2010	爱国爱澳的核心价值观，社会责任，行为偏差
2011	全面发展，归属感、责任感、人生观，爱国爱澳意识，预防犯罪
2012	价值观，道德规范，全面发展的优秀公民
2013	制订"教育系统长效机制"
2014	落实"教育系统长效机制"
2015	公民教育，爱国爱澳精神
2016	小学课程改革

（二）澳门中小学德育政策的主要内容

《德育政策》指出，要特别关注德育工作中七个重要议题："（1）爱国爱澳教育；（2）博彩业发展给学生可能带来的影响；（3）毒品与滥药对青少年的危害；（4）青少年犯罪、校园欺凌和校园暴力；（5）性教育；（6）公民能力与法治精神；（7）传媒的社会责任与职业道德，以及使用网络之规范和相关道德操守的教育"。这些议题是对德育目标的具体化，并且突出了澳门德育的特殊性，考虑到"博彩业"对德育的影响，希望引导学生对赌博等不

---

① 根据澳门教青局提供资料整理。

良影响有辨识能力和抵御能力，树立正面的价值观和健康的生活方式。

《德育政策》的目标和内容的落实，主要依托于中小学德育课程的实施，教青局与人教社联合编写并出版了《品德与公民》教材，这套教材完整覆盖了小学、初中和高中的全部年级。具体而言，中小学品德与公民教育的内容主要涵盖五个主题：自我；群体（家庭、学校、社会）；国家（政治、法治）；国际；环保。这些主题的设置，将七个重要议题囊括在内并较好地实现了小学、初中和高中德育内容的衔接（见表4—2）：

表4—2　　　　　　　澳门中小学品德与公民教育的主要内容[①]

教育阶段 学习范畴	小学	初中	高中
学习范畴 A	关于自我	自我发展	自我发展
学习范畴 B	我与家庭	群体生活	社会伦理
学习范畴 C	我与学校	社会参与	政治参与
学习范畴 D	我与社会	国际视野	法治生活
学习范畴 E	我与国家		全球联系
学习范畴 F	我与世界		
学习范畴 G	我与环境		

三　组织机构

学校是澳门中小学德育工作的主阵地，家庭教育起到重要辅助作用。回归后，澳门发挥学校在德育工作中的核心作用，同时优化德育工作环境，逐步建立起了政府、学校、家庭及社会相互协调和

---

① 依据《小学教育阶段品德与公民基本学力要求》《初中教育阶段品德与公民基本学力要求》和《高中教育阶段品德与公民基本学力要求》的内容制表。资料来源：澳门特别行政区教育暨青年局，2018 年 1 月 1 日（http：//www.dsej.gov.mo/crdc/edu/requirements.html？timeis＝Thu%20May%202004%2013：11：09%20GMT＋08：00%202017&&）。

相互支援的德育工作模式。

（一）学校

学校是开展品德与公民教育的核心场域。"校园危机事故支援小组"和"及早发现问题青少年机制"是澳门中小学德育中值得关注和借鉴的经验，弥补了单纯正向教育之不足，运用"逆向思维"开展德育工作，凸显了负面或危机事件应急、处理和善后等问题在日常德育工作中的重要性，使得德育工作更为立体、全面，更有助于学生的道德发展和心理健康。

具体来说，学校德育的主要措施有：（1）设置并持续优化学校"德育工作小组"，充分发挥其在学校德育的规划、领导、组织、协调及评价等方面的作用。（2）与辅导服务机构组成"校园危机事故支援小组"，协助学校减低危机事故可能造成的负面影响。（3）与相关教育机构、政府建立"及早发现问题青少年"的机制，以便对有问题及容易出现问题的学生或学生群体给予相应关注，展开有针对性的教育。（4）发展和培育学生组织，支援学生会和其他学生社团的活动，逐步建立学生参与班级管理和学校建设的机制。（5）加强对学生干事的培训，创造机会让学生组织和所有学生参与学生的自我管理和有关的学校事务，提高学生的自我教育和自我管理水平。（6）建立相关制度，让教师有更多时间关注学生。

（二）家庭

澳门特别注重建立和完善家校间的合作和互动机制，强调家庭和家长在配合学校开展德育过程中的重要作用，由政府、学校和民间教育团体合作开发"家长教材"，加强家长教育，提升家长参与学校建设、关心学校德育工作的积极性。

具体措施如下：（1）鼓励家长与子女共同参与社会服务；（2）推动家长主动参与学校事务，关心子女的学校生活；（3）帮助家长树立以身作则的观念，为孩子成长营造健康、和谐的家庭环境；（4）启发家长认识到建立良好亲子关系的重要性，关注年青一代成长的新特点，思考新时代子女教育的新课题，树立正确的家庭教育观念，并掌握亲子沟通的有效技巧，持续提升家长的教育能力。

（三）政府与社会

优化澳门特区教青局对中小学德育的领导、组织、协调及督导的功能，充分发挥"德育中心""教育心理辅导暨特殊教育中心"以及其他各"青年中心"和"教育活动中心"的作用，协助学校开展德育工作。

具体措施是：（1）改善和净化学校周边的环境，在学校新建规划中，考虑学校与不良环境的分隔；（2）完善德育设施和培训基地；（3）给各类机构或组织提供设施、场地或资助，鼓励其开展面向青少年的德育活动或为青少年参与社会服务提供机会；（4）加强社区与学校的沟通与合作，有效利用社区的教育资源，为青少年、儿童提供丰富、健康的余暇生活；（5）建立德育资源库和适合青少年特点的德育网站，充分发挥教育电视、网络及其他媒体的作用，为教师和学生提供网络、多媒体、图书资料等丰富的德育资源和交流平台；（6）透过举办相关活动和推动立法，引发全社会对传媒（包括报章、电视、网站、电台等媒体）的社会责任和职业操守的讨论和重视，营造健康的传媒环境和舆论氛围。

四　课程建设

澳门回归十多年来，特区政府持续加大教育投入，完善教育制度，同时将课程与课堂教学的改革视为提高教育素质的重要环节，从小学阶段就设有品德与公民科目。德育目标为德育课程建设指明了总体方向和具体要求；《品德与公民》德育教材的开发和修订是德育课程建设的关键环节；德育教师的培训为课程目标的达成和课程教材的落实提供了师资基础；社会实践活动是课堂德育教学的拓展，通过融入日常生活提升学生自我教育的效果；督导评价机制以监督和反馈，为德育政策的完善提供了制度支撑。

（一）品德与公民教育课程

澳门中小学德育目标值得借鉴之处在于，以法律法规、政策公报等形式，实现了德育目标的制度化、规范化、具体化，为德育课程建设提供了非常详细的课程标准指引。

1. 制度化。澳门中小学的德育目标的总体方向由《纲要法》（2006）、《课程框架》（2014）和《基本学力要求》（2015）规定，教青局制定的《小学教育阶段品德与公民基本学力要求》（2016）、《初中教育阶段品德与公民基本学力要求》（2017）和《高中教育阶段品德与公民基本学力要求》（2017）是类似于课程标准的文件，为澳门中小学品德与公民教育提供了具体指导和内容标准。

2. 规范化。新的教育制度法律按照"一国两制"和《基本法》的规定，对品德与公民教育提出了新的要求。其中，《纲要法》第4条在教育"总目标"方面明确要求"致力培养及促进受教育者爱国爱澳、厚德尽善、遵纪守法的品格，使其有理想、有文化及具备适应时代需求的知识和技能，并养成其健康的生活方式和强健体魄"，尤其强调：第一，培养其"对国家和澳门的责任感，使其能恰当地行使公民权利，积极履行公民义务"；培养其"良好的品德和民主素养，使其能尊重他人，坦诚沟通，与他人和谐相处，积极关心社会事务"。第二，使其能"以中华文化为主流，认识、尊重澳门文化的特色，包括历史、地理、经济等多元文化的共存，并培养其世界观"。第三，全面提升其科学和人文素养，使其具有创新精神、批判意识、可持续发展观念及实践能力；培养其终身学习的态度和能力。第四，促进其个性的发展，建立正确的价值观。第五，培养"与大自然和谐相处的素养"。

3. 具体化。以澳门初中品德与公民课程标准为例，其课程内容所涉及的范围和领域较广。第一，知识点数量较多，澳门小学品德与公民课程内容（基本学力要求）包括关于自我、我与家庭、我与学校、我与社会、我与国家、我与世界和我与环境七个条目（学习范畴），这七个条目下设有 152 个知识点；初中品德与公民课程内容包括自我发展、群体生活、社会参与和国际视野四个条目，这四个条目下又细化为 15 个小条目和 96 个知识点；高中品德与公民课程内容包括自我发展、社会伦理、政治参与、法治生活和全球联系五个条目，这五个条目下直接设置了 62 个知识点。第二，学科或知识交叉程度较深，澳门初中品德与公民教育内容比较宽泛，这就注定了其复杂的学科或知识交叉性，可以说，澳门品德与公民课程内容或多或少地涉及伦理学、政治学、社会学、人类学等诸多学科领域。此外，澳门品德与公民教育非常注重实践运用能力的培养。

课程目标的具体化特点，是澳门德育课程建设较为值得关注和借鉴之处。将品德与公民课程的基本学力要求落实到"学习范畴""实施年级""不同学习范畴内的基本学力要求"，这样能更有效地推进不同教育阶段、不同学校的德育课程的实施，促进澳门中小学生热爱国家、民族的认同感和爱国爱澳的情怀。以初中德育目标之"社会参与"下辖的"公民生活与国家认同"和"政府职能与社会运作"知识目标为例，呈现澳门德育目标的细致性：[1]

C-1　公民生活与国家认同

C-1-1　能了解澳门政治制度的特点，理解"一国两制"的内涵和意义；

---

[1]　依据《初中教育阶段品德与公民基本学力要求》的内容制表。资料来源：澳门特别行政区教育暨青年局，2018 年 1 月 1 日（http：//www. dsej. gov. mo/crdc/edu/requirements. html? timeis = Thu% 20May% 2004% 2013：11：09% 20GMT + 08：00% 202017&&）。

C-1-2　能了解《中华人民共和国澳门特别行政区基本法》的内容、意义和作用；

C-1-3　能理解澳门居民享有的权利和应尽的义务；

C-1-4　能认识中国的政治体制；

C-1-5　能基本了解和体会到中国改革开放的意义、取得的主要成就及遇到的困难；

C-1-6　能了解中国在国际社会中的地位、影响和作用；

C-1-7　能了解澳门和中国内地相互依存的关系。

C-2　政府职能与社会运作

C-2-1　能大致了解澳门特区行政、立法、司法系统各自的功能及其相互关系；

C-2-2　能了解行政长官、行政会、立法会的产生办法；

C-2-3　能认识澳门的选举制度，并了解公民投票权及公民参与民主选举的意义；

C-2-4　能认识澳门特区政府主要部门的架构及职能，以及向相关部门咨询、反映诉求及意见的方法；

C-2-5　了解法律的意义，并能理解法律在社会生活中的作用，懂得违法与犯罪的区别，并自觉遵守澳门的法律及公共秩序；

C-2-6　能认识澳门法律的主要类别，及其制定和颁布程序；

C-2-7　能初步认识澳门经济发展的特点及其带来的机遇与挑战；

C-2-8　能关心澳门的社会建设，并给予意见及建议；

C-2-9　能关心不公平的社会现象，并能认识贪污腐败的成因和祸害。

澳门中小学德育教材的开发，突显了澳门的教育需要和教育特点，针对青少年国家观念与公民意识的缺失的现状，"公民与政府"分册的编写进行了有益的尝试，以提升公民参与能力，促进澳门社会的繁荣与稳定。

澳门中小学教育主要从以下方面推进了德育教材的开发：（1）与专业机构合作，为学校研制体现澳门特点及未来发展需要的中小学《品德与公民》教材，以及预防赌博和生命教育等方面的教材；（2）鼓励并支援相关机构和团体优先开发澳门历史、澳门地理等教材，为学校的德育工作提供丰富的课程资源；（3）鼓励学校根据各自的办学特点，以及学生的年龄和身心发展规律，系统规划并各有侧重地安排不同教育阶段品德与公民教育的内容；（4）加强德育在各学科中的渗透，尤其在语文、历史、地理、社会等科目中的渗透，重视相关科目和各种教育活动的配合。

在这一背景下，澳门教青局与人教社合作，依据《纲要法》中的教育总目标，围绕当代社会对澳门青年提出的公民素养要求，共同编写了小学至高中阶段的《品德与公民》教科书。特区政府将《品德与公民》列为澳门本地参与研发的第一套教科书，足见对公民教育的重视与期盼。教材专门为澳门中小学编著，体现了很强的地域性特点。在内容安排上，教材关注与澳门青少年成长密切相关的社会文化问题，如了解毒品、酗酒、吸烟、色情文化的危害并懂得拒绝它们，了解赌博对个人及社会的影响并能拒绝参与赌博，等等；关注青少年参与澳门社会必备的基础知识，如了解澳门法律的主要类别及其制定和颁布程序，特别是了解《澳门基本法》关于澳门政治体制、经济、文化和社会事务等方面的主要内容，了解澳门的政府职能与社会运作，了解澳门的民间参与与社会活动等。在形式与表达上，教材力求贴近澳门教学习惯，采取与澳门青少年心理、学习特点相符合的呈现风格，以漫画和照片等形式反映澳门学生、学校、社会生活的真实场景，增强亲近感和真实性。

（二）历史教育课程

澳门新一代青少年学生爱国爱澳意识和情感的培育，离不开对中国历史、澳门本土历史等基本国情的学习。在这个意义上，历史课程也可以纳入"大德育"的范畴。澳门历史教育主要分布在小学的"常识"科和初高中的"社会与人文"科，并以"基本学力要求"的形式，对各个学段的历史教育进行了"基本素养"的引导和规定。

小学阶段的历史教育的基本学力要求以第 19/2016 号社会文化司司长批示附件的形式确立下来，具体体现在"常识"科的学习范畴 B"人文社会与生活"中，其中，澳门本土历史的学习是重点，我们可以将基本学力要求概括为以下四个方面：

1. 学习兴趣。激发学习历史文化的兴趣，"乐于阅读历史故事，对历史文化感兴趣"。

2. 世界历史。从文化、文明的角度学习世界历史，"能指出世界民族文化丰富多样，并尊重不同的风俗习惯；能指出世界四大文明古国对人类文明发展的贡献；能列举世界的主要宗教，并尊重不同宗教信仰"。

3. 中国历史。从文化、文明的角度学习中国历史，"能举例说明中国历史文化源远流长；能指出中国古代四大发明及其对人类文明发展的贡献；能探讨不同时期重要的历史人物和历史事件对中国的影响"。

4. 澳门历史

（1）从"文化"的角度学习澳门本土历史，"能说明澳门是东西文化荟萃的城市，并尊重不同的文化；能说明澳门是早期东西文化交流的中介地，对东西文化交流与发展有重大贡献。"

（2）从"历史"的角度学习澳门本土历史，"能指出葡萄牙人入居澳门的经过；能透过阅读多样的历史数据，探讨葡萄牙逐步占领澳门的过程及其影响；能描述澳门主权回归的过程及意义。"

（3）从"现实"的角度学习澳门本土历史，"能搜集、整理及分析资料，与同学交流讨论澳门历史城区主题；懂得欣赏及爱护文化遗产；能列举寓居澳门的历史名人，欣赏他们对澳门、中国和世界的贡献；能指出澳门主要的文化盛事，并乐于参与文化活动"。

初中阶段的历史教育的基本学力要求以第 56/2017 号社会文化司司长批示附件的形式确立下来，澳门初中的"社会与人文"科，实际上是由历史和地理两个部分构成，要求通过整个初中学段的学习，学生掌握的主要历史素养如下：

1. 人与时间

（1）历史演变

史前人类、夏商周时期、秦朝至清朝前期、近代中国所遭遇的侵略和战乱、近代以来中国发生的政局变化、新中国成立后的发展及其中的曲折、改革开放、澳门历史发展的简单历程，我国疆域的变迁、各个时期对外政策，把握各个时代的特点，增强对澳门的归属感，认识统一是中国历史发展的主流。

（2）制度更迭

中国史：周朝的封邦建国制度、秦朝的中央集权制度、汉朝到元朝政治制度演变、明清时期君权不断强化、中国近现代的政治制度发展历程、中国古代不同时期人才选拔方式的变化，认识先辈为推动民主发展所做出的奉献。

世界史：了解英国光荣革命，认识君主立宪制的确立及对人类历史的影响；了解美国独立战争及法国大革命，认识人类对自由平等的追求；概述日本明治维新，简析日本成为近代世界强国的原因。

（3）人物评析

多角度评价对中国及世界历史发展起到重要作用的政治人物；简述中国及世界历史上重要的思想家、科学家或艺术家的生平，了解他们对社会发展所做的贡献。

（4）重要史事

中国史：中国古代主要变法、古代中国的治世和乱世、明朝到清朝前期抗击外来侵略的基本史实、清朝在其中叶后的统治危机及闭关锁国政策、洋务运动、维新变法，辛亥革命、抗日战争的经过，国共内战的经过、十年"文化大革命"的经过、改革开放的成就，了解维护国家主权的历史，认识中国与世界发展的关系。

世界史：能运用历史地图了解地理大发现，客观评价新航路开辟对世界的影响；陈述维也纳会议的影响，了解欧洲民族主义、自由主义发展的简况；了解两次世界大战的经过，并就战争对世界的影响提出看法；能简述第一次世界大战后至"后冷战时期"的重要历史事实，了解近现代国际关系格局的演变；通过阅读史料了解澳门回归的历程，增强爱国爱澳的情怀。

2. 文化渊源与社会发展

（1）文明起源

能利用中国古代神话传说和考古发现，了解中华文明的起源；能指出世界主要文字的产生和演变，了解文字发展的基本脉络；了解人类的起源，解释考古学对历史的作用；能指出大河流域的四大文明古国的主要成就，能解释地理环境对古代亚非文明的影响；能简述古代西方海洋文明的概况，并说明其对世界的影响。

（2）民族与宗教

了解世界主要宗教的传播与发展，能尊重及包容不同的宗教信仰；概述中国历代各民族之间的关系，了解中华民族的历史文化是各民族共同创造的；能分析清朝前期边疆民族政策对统一多民族国家的作用；能简述天主教在澳门的发展概况，了解天主教在澳门所扮演的角色。

（3）思想与文艺

描述先秦诸子学说的概况，了解儒家思想对中国历史的影响；

能举出中国古代各个历史时期的文学艺术成就，了解中国古人的精神生活状况；能陈述近代中国知识分子受到新思潮影响做出的救国行为，认识近代中国人思想蜕变的过程；能简述欧洲文艺复兴及启蒙运动的概况，简析其对世界历史发展进程的影响；能简述两次世界大战期间极权主义的发展，反思其对人类历史的影响。

（4）科学与技术

中国史：中国古代重要的建筑物和工程建设、明朝以前中国的重大发明及科技著作、近代中国科技与社会的发展、了解中国古代社会生活面貌、简述中国明朝以前社会经济发展的概况、了解明清时期社会经济的概况。

世界史：概述工业革命及其发展历程，能比较工业革命前后人类社会生活的改变；描述20世纪的科技革命，能归纳现代科技发展的特点，并就其对人类社会的影响提出看法；通过阅读材料，说出澳门世界文化遗产的特色，提出保护澳门历史城区的建议，负起保护历史文物的公民责任。

高中阶段的历史教育的基本学力要求以第55/2017号社会文化司司长批示附件的形式确立下来，澳门高中的"社会与人文"科，以历史教育为主，地理教育为辅，引导学生贯通历史知识和地理知识，进行综合探究，要求通过整个初中学段的学习，学生掌握的主要历史素养如下：

1. 时代变迁

简述中国多民族统一国家发展历程，理解中国古代国家形成和发展的特点；简要了解中国古代农业文明发展的历程，知道中国古代经济发展的基本特征；能描述世界不同历史时期文明交流的多种途径，评估文明碰撞和交流如何影响世界的发展；了解近代西方民主思想的蜕变历程，讨论西方近代民主思想对民主政治发展的影响；能简述近代西方主要国家民主与专制制度较量的经过和结果，对西方主要国家的政体进行比较；能追溯民主思想在近代中国的发展历程，比较中国近代各种民主思潮的异同；认识中国由专制走向民主共和的转变历程，讨论中国近代民主政治发展的意义；认识中国现代化的探索历程，理解中国现代的社会变革；了解东方主要国家现代化的探索历程，理解不同国家的社会发展模式；能从多角度评价重要时代人物，探究重要时代人物与社会发展之间的关系。

2. 文化传承与革新

认识世界遗产是全人类的共同财富，养成文化保育和传承的公民责任；了解中国和世界不同地区的文化特色及其形成的缘由，进而理解尊重文化差异对构建和谐社会的作用；认识文化产业的特质与精神，养成文化创新意识；能运用各种旅游信息，设计文化旅游路线，并懂得从不同的文化观点欣赏各种文化艺术；能从多角度分析外来文化对澳门的影响，以及理解文化共融对社会持续发展的重要性；能反思人类在面临适应环境或是社会变迁的情境之下，所进行的保存、传递和革新文化的行为。

3. 区域联系

解释近代初期西方蜕变的优势，分析其如何导致西方国家在地理和经济上的扩张；解释近代西方国家的势力扩张对东方的冲击，比较中国和其他东方主要国家对西方扩张的反应；说明科学技术给人类社会带来的重大变化，探讨工业革命对世界市场发展的影响；探讨近现代的国际关系，了解国与国之间由对抗、合作的变迁到迈向共同发展的趋势，构建和谐社会的重要性。

4. 本土探究

就澳门过去的发展或现况，提出问题，并撰写研习大纲；搜集关于澳门历史、文化或地貌变迁等数据，以适当方式处理后将信息有条理地呈现出来；体会澳门自然和人文环境的多样性，以全球角度关心澳门发展的问题，拥有欣赏、包容、保育和服务澳门社会的态度，并就澳门发展的问题提出规划或建议。

（三）德育教师培训

教师是品德与公民教育中实际的执行者，任课教师对德育的理念、对课程的认知、对教材的理解、对学生的分析等，都深刻影响着德育课程的实施和效果。在教青局的引导下，要求中小学教师树立"人人都是德育工作者"的理念，注重言传身教，并且为品德与公民教育任课教师提供专门培训课程，举办班主任培训活动，提升学校德育工作小组人员的专业能力，举办"提升品德教育的协作模式"研习计划和班主任经验分享会，以加强德育工作者队伍的建设。

为进一步提高学校教学人员使用《品德与公民》教材的效能，教青局举办过四场"小学《品德与公民》教材培训课程"，详细介绍修订后的小学《品德与公民》教材的整体结构、编写思路和特点，解构教材在体现内容生活化、设计活动化、风格童趣化和整体本地化做出改善的重点，并探讨在教学中应注意的事项等，受到参加培训的超过 200 名小学品德与公民科教学人员的热烈欢迎。

（四）社会实践活动

澳门中小学德育特别强调社会实践活动对课堂德育的补充和延伸作用，重视德育课程与学生日常生活的联系，德育课程的设计与实施不仅要利用学生的日常生活经验，而且应主动深入和影响他们的日常生活，解决其生活中遇到的道德问题。在保障力量方面，鼓励并资助各种机构、社团和组织为学生提供参与社会服务和德育实践的机会，让学生在实践中不断成长，提升其自我教育能力。

1. 改进学生的学习活动方式，避免简单的灌输和粗暴的强制与惩罚，重视活动、讨论等有利于调动学生的主动性和积极性的学习方式。具体措施是，组织学生访问本地政府机关、立法会、法院及其他公共事务机构，让学生了解其组织和功能，培育他们关心社会及公共事务的态度和能力。

2. 避免过分强调道德规范的记忆，重视理解、体验和实践在品德培育中的作用。具体而言，鼓励学校升挂国旗，举办升国旗仪式、欣赏中国传统文化艺术、参观历史文化古迹等方面的活动；充分利用各种大型活动，如每年的回归纪念日、国庆等，为学生提供更多的参与社会、服务社会的机会，增进他们与社会的良性互动。

3. 重视社会实践、社会服务在道德教育中的作用。具体措施是，引导学生关心社区生活，参与社会服务，增强学生服务社会的意识；鼓励学生多参与社会公益活动，如百万行、卖旗筹款、慈善卖物会、义工、童军等，以提高他们的公民意识和公民参与能力。

4. 重视文化交流与合作学习。具体措施是，与体育发展局、文化局、旅游局、法务局等携手推进相关活动；大力推进澳门青年活动及教育领域与内地的交流，鼓励学生利用暑假赴内地旅行，鼓励学生参加国防教育营等各种有意义的活动，使学生在实践活动中得到锻炼。

（五）督导评价机制

对于以课程为主要依托的德育建设，澳门主要的督导和评价机制是：（1）充分发挥政府及学校督导机制在德育工作中的督导作用，透过综合评价及相关的专项评鉴，促进学校德育工作品质的提升；（2）逐步完善德育评价体系，建立有效的反馈、激励机制，加强对个层面德育工作的引导，提升德育效能；（3）引导学校重视德育评价方式的多样性，充分发挥评价的多种功能，促进学校德育工作的持续改善。

当前中小学德育已经取得一定成效，相信在政府的大力推动下，随着《品德与公民》教科书的推广与使用，这些积极举措将改变澳门人"爱家庭、重孝道，但欠爱国情怀；求上进，勇自强，但欠社会参与"的传统，促进澳门持久社会繁荣稳定和政治文明进步。

第二节 澳门中小学语文教育政策

一 制定背景及政策目标

中小学语文教育政策不仅关系到全体市民的语言素养，也关系到文化的传承，以至社会的整体竞争力和可持续发展。澳门回归以来，特区政府每年的施政都不同程度地关注人文建设，包括中华传统文化和澳门本地传统文化的传承。澳门回归初期，刚刚经历政治剧变，又面临陷入谷底的经济环境及不稳定的社会治安局势，第一届特区政府的施政重点并未放在教育上，主要是延续回归前的教育政策，固本培元，为经济增长服务。[①] 从第二届特区政府开始关注市民的语文教育，2004 年开始全面检讨和修订澳门特区的教育体制，促进课程内容当地语系化；2005 年启动教育改革，要求提升中学生的就业和升学能力，尤其是外语能力；2006 年全面增加教育投入，要求提升基础教育的外语教学素质。

2008 年，在澳门特区的经济、政治、文化、社会以及非高等教育都获得了快速发展，与内地交往的需求日益增长，成为大中华地区与葡语国家间文化和经贸交流平台，并以发展成国际城市为目标的背景下，为确保中华文化在澳门的进一步发展，并考虑澳门的多元文化特色，特区政府根据《基本法》第 9 条和第 121 条、《纲要法》第 37 条的规定，出台了《语文政策》。特区政府的目标是：从法律、历史、文化特色等各方面考虑，明确中、葡、英三语的地位，优先强调"两文"（中文、葡文）、"三语"（粤语、普通话、

---

① 梁淑雯：《澳门特别行政区教育政策评述》，《"一国两制"研究》2014 年第 3 期，第 119 页。

葡语）；培养中葡双语精英人才；构建推广普通话、葡语和英文的有效机制；为学校、教师及其他机构的语文教育提供充足的资源；完善语文教育的相关法规。①

二　主要政策及执行情况

（一）语文课程政策

1. 优先教授正式语文，同时加强其他语文的教育

根据《基本法》第 9 条的规定，澳门特区的正式语文是中文和葡文。《语文政策》要求公立学校的教学语文必须是中文或葡文，并给学生提供学习葡文或中文的机会；私立学校的教学语文可以是其他语文，但应给学生提供学习中文或葡文的机会。学校须在小学阶段教授一门教学语文以外的其他语文，且至小学五六年级时，该语文的教学更具规范性、系统性。

据教青局 2016/2017 学年的统计数据，② 澳门特区的 9 所公立中小学校的教学语文全部为中文，其中有 2 所学校同时设有葡文部，以葡文为教学语文；③ 54 所免费私立中小学校中教学语文为中文的有 49 所，其中有 4 所学校同时设有英文部，以英文为教学语文，④ 其余 5 所学校仅以英文为教学语文；⑤ 7 所非免费私立中小学校中教学语文为葡文的有 1 所，⑥ 为中文的有 4 所，⑦ 其中有 1 所同

---

① 《澳门特别行政区非高等教育范畴语文教育政策》，教育暨青年局，2008 年，第 4 页。

② 2018 年 1 月 3 日澳门特区教育暨青年局网站（http：//portal. dsej. gov. mo/webdsejspace/internet/Inter_main_page. jsp? id = 8301）；亦可参见本书第三章表 3—1。

③ 二龙喉中葡小学、高美士中葡中学。

④ 粤华中学、鲍思高粤华小学、澳门三育中学、庇道学校。

⑤ 慈幼中学、陈瑞祺永援中学、圣罗撒英文中学、嘉诺撒圣心英文中学、圣公会中学（澳门）。

⑥ 澳门葡文学校。

⑦ 陈瑞祺永援中学（分校）、圣若瑟教区中学、圣若瑟教区中学第五校、培正中学。

时设有英文部，以英文为教学语文，[1] 其余 2 所仅以英文为教学语文。[2] 也就是说，目前澳门特区的中小学校采用中文、葡文、英文为教学语文的分别占 88.6%、4.3%、17.1%，中文教育处于主导地位，既符合中文在澳门使用最为普遍的实际情况，也符合澳门回归后的政治导向；葡文教育适应葡语人群占澳门人口的比例（2.4%），但从发挥澳门独特的语言和文化优势的角度来看略显不足，因为除了土生葡人、外聘公务员子女，还有一些希望进澳门政府工作或到葡国学习法律的华人子女也会进入葡文学校就读；英文教育趋势正常，有利于澳门的国际化发展。

《五年规划》中指出，由 2016/2017 学年开始，特区政府将葡语课程列为学校发展计划的"优先资助项目"，制定私立学校开设葡语课程的总时数下限；增加开设葡文科的私立学校数量，增加用正规教育模式开设的葡文班数量，进一步普及葡语教育；拓展与葡国的教育合作，为学生赴葡国升学提供更多课程选择。[3]

2. 制定新的"基本学力要求"和相关能力指标

《语文政策》要求制定中文、葡文和英文的"基本学力要求"，并委托研究机构探讨制定符合澳门学生实际的普通话能力指标的可能性。《十年规划》也提出学生语文能力的发展目标：有效提高学生的阅读兴趣、书面表达能力、书写技能以及文学素养，学生在中学毕业时具备熟练运用至少一种外语的能力，以中文为教学语文的学生能说流利的普通话。

经过几年时间的起草、咨询和修改，政府终于出台了一系列规范性文件。第 15/2014 号行政法规《课程框架》第 8 条第三款规定：学校须确保小学、初中、高中教育课程涵盖语言与文学。

---

[1] 圣若瑟教区中学第五校。
[2] 澳门国际学校、联国学校。
[3] 《澳门特别行政区五年发展规划（2016—2020）》，2016 年 9 月，第 56 页。

第 10/2015 号行政法规《基本学力要求》第 6 条第二、三款规定：小学、初中和高中教育须制定作为第一语文（即教学语文）或第二语文的中文、葡文或英文的基本学力要求。第 19/2016 号社会文化司司长批示《核准小学教育阶段基本学力要求的具体内容》，附件一至六分别规定了中文、葡文和英文作为第一语文和第二语文的基本学力要求，包括基本理念、课程目标和各学习范畴基本学力要求的具体内容，十分详尽。初中、高中阶段中文基本学力要求的具体内容现已形成初稿，也将陆续核准实施。但实际上，所谓"基本学力要求"就是"最低课程标准"，对中小学语文教育的要求很低，要发展澳门特区的语文教育，不应只是立足于这个课程标准。

值得肯定的是，澳门特区自 2003 年起持续参加由经济合作与发展组织（OECD）举办的学生能力国际评估计划（PISA）（以三年为一周期）（见表 4—3），在 2009 年和 2012 年的测试中，澳门 15 岁学生在阅读、数学和科学素养中都取得了较大的进步，三科在统计上都显著高于 OECD 成员国的平均分，其中阅读由 487 分提高到 509 分。[1] 2015 年澳门 15 岁学生三科素养总分位居第六（本轮测试共有来自全球 72 个国家和地区的 54 万名学生参加），其中数学和科学分数均小幅提升，阅读分数保持不变。[2] 为了提高学生的阅读能力，2016 年澳门特区又首次参加了"全球学生阅读能力进展研究"（PIRLS）。[3]

---

[1] 《〈非高等教育发展十年规划〉中期评估》，教育部教育发展研究中心评估组，2016 年 10 月，第 10 页。

[2] 参见 "PISA 2015 测试结果" 图表，2018 年 1 月 6 日，搜狐教育网（http://www.sohu.com/a/120841338_372513）；亦可参见 OECD 官方网站（http://www.oecd.org/pisa/）。

[3] "澳门特别行政区政府 2017 年财政年度教育领域时政方针"，《世界教育信息》2017 年第 2 期，第 65 页。

表4—3　　　　　　　　　　　　PISA 评价周期及领域

周期	周期一			周期二		
测评年份	2000	2003	2006	2009	2012	2015
测评领域	阅读 数学 科学	阅读 数学 科学 问题解决	阅读 数学 科学	阅读 数学 科学	阅读 数学 科学	阅读 数学 科学
学生自我 评价	学习途径 阅读的投入	学习途径 对待数学的态度	学习途径 对待科学的态度			

3. 丰富课程资源，改进课程设计

《语文政策》要求促进普通话、葡文、英文教材的编写和出版；学校教授中文科应首先让学生掌握繁体字，但可自主选用经政府认可的繁体字或简体字教材；资助学校改善并丰富语文课程资源；在职业技术学校增设翻译专业文凭课程；改善和加强各教育阶段间语文类课程的衔接。

教青局于澳门回归初期便出版了一套普通话教材（初级、中级、高级），并制作了配套光盘辅助学习，已经几次修订改版；2013 年出版了《三言两语》学习教材，收录语言学习电视节目《三言两语》，通过轻松有趣的短句活学普通话、葡语和英语；2015 年出版了《书写我城》，作为初中一至三年级学生的澳门文学补充教材（见图4—1）。这些教材体现了澳门特区政府对中、葡、英三语的定位，以及对澳门本土文学教育的重视。但澳门特区的私立学校有自主选择教材的权利，以中文学校为例，非宗教团体办的中小学校一般采用内地和香港的教材，天主教会办的中小学校一般采用香港和台湾的教材，基督教会办的中小学校一般采用台湾、

大陆或其他区域的教材。[①] 而葡文学校和英文学校的存在，使得澳门特区中小学校的教学制度、培养目标和教材选用更加多元化。

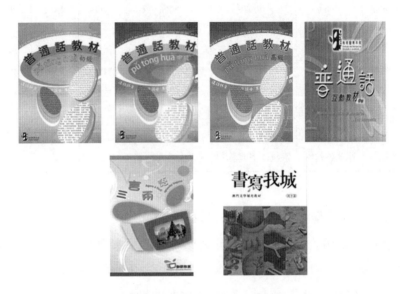

图4—1　澳门特区的部分教材

中葡职业技术学校作为澳门第一所由政府主办专门用以开办及实施职业技术教育课程为主的公立学校，率先自 2009/2010 学年起开设中葡翻译课程；澳门工联职业技术中学目前也响应特区政府号召，开设了语言翻译课程。

（二）教学语文政策

《语文政策》规定私立学校可以使用中文和葡文以外的其他语文作为教学语文，但须经教育行政部门评估并确认其具备适当条件（由政府制定学校所应具备的条件，主要关注教师的相应语文能力和学校的支援措施两个方面）后方可施行；鼓励学校在中文科采用普通话进行教学，中文学校的其他非语文类科目可采用粤语教学。

---

① 张桂菊:《澳门回归后"三文四语"教育现状研究》,《比较教育研究》2009 年第 11 期，第 13 页。

（三）教师专业发展

《语文政策》要求通过师资培训、与相关机构合作、对外交流、资助计划等方式，整体优化语文教师队伍。具体到中文方面，制定中文科教师（包括普通话教师）的普通话标准，并建立相应测试制度，为在职中文科教师提供普通话和其他专项培训；葡文方面，与相关机构合作加强葡文教师培训，采取支援措施提高驻校葡语教师的归属感；英文方面，继续实施"英语教师境外学习之旅"计划。

第三届澳门特区政府大力推进"教育兴澳、人才建澳"，近年越来越重视加强教师普通话能力的培训和葡语教师及语言人才的培养。2016 年，组织教师参加了"港澳中文教师普通话能力提升专项培训"；学生赴葡进修的资助课程新增了"葡语（作为外语）教育专业"，以便更贴合澳门葡语教育的需求。2017 年继续组织教师参加内地和澳门专业机构举办的普通话专项培训；大幅增加修读葡语研究、葡萄牙语、葡萄牙语言及文化、中葡翻译等高等教育课程的特别助学金名额，与葡萄牙相关大学探讨为澳门学生开拓免试升读的渠道，以便为澳门的可持续发展提供人才保障。[①]

在教师培训方面，澳门中华教育会这个民间团体也是功不可没，不仅长期保持与特区政府合作，还积极独立开办各项活动和课程。自 1985 年起，中华教育会连续二十年与广州华南师范大学合办在职教师大专及本科培训课程，开设中文教育、英文教育等专业课程，大大提高澳门教师专业水平；多次承办"海峡两岸暨港澳地区教育学术研讨会"等会议，推动与海内外教育的交流，促进学术研究。近年，中华教育会组织澳门特区教师成立中文教育、英文教育等小组，定期开展活动，提升教师的教学水准。

---

① 《澳门特别行政区政府 2017 年财政年度教育领域时政方针》，《世界教育信息》2017 年第 2 期，第 65—66 页。

（四）政府支持

《语文政策》要求政府为学校加强或改善语文教育提供各种资助，包括图书、教师专业发展及辅助人员等；资助学校配置推广阅读的专职人员；制订并实施"语文推广资助计划"，为学生、市民学习普通话、葡文和英文提供帮助，或资助相关机构提供有关服务；强化教青局语言推广中心和教育资源中心的职能，并充分发挥民间相关机构和社团的作用。具体到中文方面，资助有关机构开展普通话测试；葡文方面，推动非高等教育机构和高等教育机构之间在培养中、葡双语专才方面的合作，继续委派葡语教师到私立学校任教，强化"学生赴葡进修计划"，鼓励澳门学生报考欧盟葡文试；英文方面，资助学校聘任以英语为母语的教师。

首先，特区政府积极发挥了教育发展基金的作用，从师资、课程与教学以及学习环境等方面协助学校提升学生的语文能力，包括使用普通话和至少一种外语进行交流的能力。

其次，教青局辖下语言推广中心致力于推广澳门特区的语言教育工作，尤其是普通话和葡语这两种语言。中心会应私立学校的要求，委派葡语教师到各中学教育机构担任葡语课程的教学工作；为提高教学质量，会不断吸收实际教学经验、检讨及修订有关课程大纲、编制适合的教材；会通过举办交流会及培训课程来加强教师的专业能力；为配合教学，会举办一些公开性的文化活动、游艺会、参观及制作电台节目等，使市民大众认识语言及其相关文化。[①]

教青局辖下教育资源中心则以澳门特区现职教师、学校专职人员，教育、社会服务机构或团体的相关人员，以及退休教师为服务对象，主要任务是提供教育资源辅助、提升教学效能，包括教学媒体的参考及外借、各类教材教具的制作、设备的借用，还定期推出

---

① 2018 年 1 月 6 日，语言推广中心网站（http：//www. dsej. gov. mo/cdl/cdlIndex. php？c = centerPresentation. html）。

教师培训、教材研制、编印《教师杂志》及《教育文摘》、教学设计奖励计划和师生展艺计划。①

石排湾语言培训中心也在筹建当中，预计 2017 年启动工程，2018 年开展首年的招生及报名工作，2019 年投入使用，完成对首年课程、活动及服务评估后，将逐步扩展各项语言培训活动的数量和对象，为居民及学生提供良好的语言学习环境，借以加强运用普通话、葡语和英语的能力及信心。②

最后，特区政府自 2011 年以来扩大了教育开放和区域合作。在中小学语文教育方面，一是基本落实了《粤澳合作框架协议》中的有关措施，推动中小学教育资源开放，开展教师培训交流合作，合作新建粤澳新通道等便利跨境学生通关、交通等设施，逐步对在广东就读中小学的澳门学生提供学费津贴；二是不断深化与广东省和内地其他区域（见图 4—2）、香港特区以及台湾地区的教育交流与合作；三是加强了与葡语系国家和地区的交流，2013 年签署《中华人民共和国澳门特别行政区与葡萄牙共和国政府在教育领域的新合作项目的合作协议书》，涉及向葡文学校派遣普通话教师、培训澳葡文科教师和提供教材、为以葡语为教学语言的特殊教育学生给予评估和为相关教师提供培训等，并于 2013/2014 学年开始推行"培养葡语教师及语言人才资助计划"③。这些措施将十分有利于普通话、英文和葡文教学水平的提高。

虽然取得了上述成绩，澳门特区政府今后仍需重点关注几个问题：一是澳门市民的文化身份认同。要建立澳门中文教育的传统，包括粤语、繁体字、澳门地域文化等。在中文课程方面，要加强文

---

① 2018 年 1 月 6 日，教育资源中心网站（http：//www.dsej.gov.mo/cre/intro/main _ c. htm）。

② 《澳门特别行政区五年发展规划（2016—2020）》，2016 年 9 月，第 56 页。

③ 《〈非高等教育发展十年规划〉中期评估》，教育部教育发展研究中心评估组，2016 年 10 月，第 17 页。

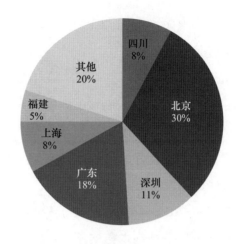

图4—2 2011—2014年澳门与内地省市交流合作频次

言文教学、重视澳门本土文学、加强汉字书法教育、坚持写"繁"识"简"、加强中文拼音和普通话的学习;在教材编写方面,要在小学低年级完成普通话及汉语语音教学,在小学至中学教材中贯穿澳门文学,落实"写繁识简",在高三应实行弹性化和多元选择。①从2015年开始,特区政府对中国传统文化教育的重视程度显著增强,施政方针中所采取的措施比以往历年更加全面、具体;2016年还关注到"一带一路"这一最新的国家发展倡议,并将其列入年度工作重点。② 二是葡语教育的推广。葡语人群仅占澳门人口的2.4%,要想持续发挥澳门特区作为大中华地区与葡语国家之间文化和经贸交流的平台作用,就必须加强制度激励和保障,积极拓展除葡萄牙外其他葡语国家(尤其是在"一带一路"倡议中占重要地位的葡语国家)的教育交流合作;加强私立学校以正式课程设置葡语课的积极性,提升公立学校葡语教学的效能。三是政府、学

① 郭晓明:《探寻澳门中文教育自身的传统》,《行政》(澳门)2015年第28卷第4期,第977—993页。

② 郭晓明:《澳门中小学中国传统文化教育:现状与问题》,载吴志良、郝雨凡主编《澳门经济社会发展报告(2015—2016)》,澳门基金会、社会科学文献出版社2016年版,第354—355页。

校、社会力量权责明确、分工协作、高效有序的教育对外开放运行架构的建立健全。

（五）其他教育机构及民间团体

《语文政策》规定高等院校教育学院课程与教学须配合政府的语文教育政策，特别是中国语言文学教育学士课程须开设连续四年的普通话必修课，拟教授中文科的学生须通过政府规定的"普通话测试"；高等院校应开办更多翻译课程。《五年规划》进一步提出，要在高等教育方面建立良好的葡语学习环境，推广和优化葡语学习制度，大力推进中葡双语人才的培养，为"一个平台"建设提供可靠的人才保障。

东方葡萄牙学会（IPOR）是一个由澳门政府、东方基金会、葡萄牙语言文化学会及其他公私机构组成的不牟利协会，自1989年成立以来为推广葡萄牙语言及文化做出了突出贡献。2009年IPOR修改其章程，确定其首要宗旨是推广葡语（作为澳门的一种官方语言）教育，规定建立与澳门教育代表机构的关系网，与澳门特区教育机构紧密合作，开展葡语（作为非母语）教师的科学技能培训，制定适合中文人群的葡语教材。IPOR还开设了一家葡文书店，主要出售葡文书籍，也出售一些中文和英文书籍。①

三 时代意义

1987年《中葡联合声明》签署之前，澳葡政府一直以葡语为官方语言，让懂中葡双语的土生葡人扮演华人社会的中间角色，只在官立学校内教授葡语，私立学校不设葡语课，只开设中英文课程，且没有规范的课程标准。究其原因，这与澳葡政府长期以来缺

---

① 2018年1月6日，东方葡萄牙学会网站（http://ipor.mo/principal/quem-somos/historia/）。

乏明确的语文政策有关。① 1991 年《澳门教育制度》只规定了官立学校采用葡语和华语作为教学语言,私立学校有权自由选择教学语言。(第 35 条第 6、7 款)而澳门回归后颁布的 2006 年《纲要法》和 2008 年《语文政策》,则对语文教育进行了详细规定。

(一) 确立中文的地位,同时注重多元语文

《澳门教育制度》的简单规定使官方语言在私立学校的教学中难以得到保证。《纲要法》和《语文政策》则明确了中葡两种官方语文,尤其是中文在公立和私立学校的地位,摧毁了澳葡时期"葡语独尊"的语言霸权地位;还体现了中小学教育中多元化教学语文的选择和要求,兼顾了社会各利益群体对不同语文的诉求,包括在澳门生活和工作的土生葡人说写中文的需要,力求多语共存共荣、和谐相处,拥有各自的生存发展空间。②

(二) 改变放任自流的局面,加强政府责任与监管

澳葡政府一切优先考虑葡萄牙人利益,只负责 7% 的官立学校,对占澳门 93% 的华人私立学校"撒手不管、无为而治",③ 再加上《澳门教育制度》过于宽松的规定,导致私立学校在语文教学方面各自为政。但是,澳门特区政府认识到澳门的语文多元化需要政府积极承担起保存、发扬与创新的责任,所以《纲要法》和《语文政策》在教学语文方面没有给私立学校完全的自主权,而是必须经过教育行政部门评估和确认;并要求私立学校给学生提供学习正式语文的机会。这样的语文政策具有长远性、整体性和稳定性,顺应

---

① 魏美昌:《论澳门多语言环境的保留与发展》,载《双语双方言》,汉学出版社 2001 年版,第 395 页。

② 张桂菊:《澳门回归后"三文四语"教育现状研究》,《比较教育研究》2009 年第 11 期,第 15 页。

③ 贝磊、古鼎仪主编:《香港与澳门的教育与社会:从比较角度看延续与变化》,人民教育出版社 2006 年版,第 152 页。

了社会主流民意以及政治民主、经济发展和文化多元的长远态势①。

第三节　澳门青年政策

青年群体是社会的未来和希望，是为人才培养长效机制重要的组成部分，澳门特区政府非常重视青年的成长和发展。2013 年，政府正式公布《青年政策》，确定了青年事务未来的发展方向、目标和措施，以青年发展为取向，构建本地人才培养长效机制，其特点在于理念人本化、管理组织化、咨询民主化、制定科学化。青年政策的形成亦经历了殖民地时期的缺位、过渡时期的萌芽，到回归后的全面开展等过程。2002 年成立青年政策咨询机构，2003 年制定《澳门青年指标体系》，2007 年制定《全人策略》，2010 年推出澳门青年研究网。2013 年《青年政策》的出台，成为第一个关于青年政策的规范性文件，并按照其时间表逐步推进。

一　历史沿革

（一）殖民时期（1887—1987 年）

1840 年鸦片战争以后，葡人趁清政府战败，追随列强，逐步强行占领澳门，1846 年 4 月 21 日，葡国正式占领澳门。1887 年，清政府面对葡萄牙占领澳门的既成事实，于 3 月 26 日与葡萄牙签订《中葡会议草约》，同意葡萄牙永驻管理澳门以及属澳之地。同年 12 月 1 日，清政府与葡萄牙代表在北京正式签署《中葡和好通商条约》，承认了葡萄牙有权永驻管理澳门。自此，葡萄牙对澳门开始实行殖民统治。殖民管治者对华人教育以及华人青年群体采取放任自流和不干预的政策，殖民时期的教育发展力量主要来自民间社

---

① 张桂菊：《澳门回归后"三文四语"教育现状研究》，《比较教育研究》2009 年第 11 期，第 15 页。

团、宗教团体等，对于青年的研究也主要来自民间。

20 世纪 70 年代，澳门开始工业转型，伴随工业化冲击而来的社会问题相继出现。澳门青年问题的形成与经济发展有着不可分割的联系，20 世纪 70 年代中期内地新移民大量涌入，人口急增，殖民管治者无暇顾及青年工作，导致青年问题积重难返，成为困扰社会治安的重大问题。而管治政府在当时并未制定有效的青年疏导政策及有力的措施。由于民间的资源有限，而政府指导下的青年研究以及青年发展极为缺位，这一时期针对青年发展的政策性文件没有在官方层面形成。威廉姆森指出："所有国家都有一种青年政策，或是专注性的，或是拖欠性的，或是忽略性的。"[①] 总的来说，殖民时期的澳门对青年的相关政策比较忽视。

（二）过渡时期（1988—1998 年）

1987 年 4 月 13 日中葡两国政府通过谈判，签署了《中华人民共和国政府和葡萄牙共和国政府关于澳门问题的联合声明》[②]，确认中国政府于 1999 年 12 月 20 日对澳门恢复行使主权。1988 年《中葡联合声明》生效，至 1999 年澳门回归这 12 年，是为澳门的过渡时期。这一时期的主要任务是保持社会稳定，促进社会经济的发展，为平稳过渡和政权顺利交接创造条件。随着社会的发展，青年问题日益凸显，也引起了政府的极大关注。自 1998 年设立青年委员会开始，青年工作开始系统而有组织地进行，但是，具有长期发展性质的青年政策并未形成。

1. 设立青年事务相关组织

1988 年设立青年委员会。澳门在 20 世纪 80 年代后期享受着经

---

① ［英］霍华德·威廉姆森：《欧洲共同体背景中的青年政策》，余娟娟，陈晶环译，《青年探索》2012 年第 2 期，第 91—96 页。

② 参见《中华人民共和国政府和葡萄牙共和国政府关于澳门问题的联合声明》，载《中华人民共和国全国人民代表大会常务委员会公报》，2018 年 1 月 2 日（http://www.npc.gov.cn/wxzl/gongbao/2000 - 12/10/content_5001946. htm）。

济增长的成果，青少年问题亦成为众所议论的课题。由于民间对青少年问题的关注，澳门政府亦有察觉到青少年对社会发展的适应问题，在 20 世纪 80 年代末，根据第 103/88/M 号法令设立青年委员会。1992 年，澳门本地结社活动的明显转变，尤其是青年组织数目的增加和在此领域上所呈现的活跃，促使青年委员会适宜在架构及运作上做出修订及调整，第 65/92/M 号法令调整青年委员会组成架构及运作模式，并撤销第 103/88/M 号法令。1991 年设立负责青年事务的政务司，随后，为使政府青年事务的力量得到加强，教育司于 1993 年更改为教育暨青年司，青少年工作开始有系统与组织地进行。

2. 政府各部门分别制定青年相关政策

20 世纪 80 年代末，社会发展带来青年人数的增加，12 岁至 25 岁的青年将达澳门人数的三分之二。因此，引导青年健康发展、为青年提供多层次的服务已经成为社会良好发展的当务之急。然而，澳门政府中与青年服务以及青年成长有关的部门众多，有教青司、市政厅、治安警察厅、监狱处、文化司署、劳工暨就业司、社会福利处、卫生司等。各部门之间均有不同的发展政策，资源分配也不均等，在此情况下，因政府青年政策缺乏整体指导，导致相近的服务项目经常推出、有些项目则因管辖部门分工的不同而无人发展的现象出现。因此，青年政策往往受到部门的权责和发展的制约，不能做独立的、整体的考虑，呈现出消极、被动及短线的发展状态。

3. 制定总体青年政策

20 世纪 90 年代初期，一套长远而完善且具实际指导作用的青年政策尚未订立。在 1992 年的施政大纲中，首次设有"青年"的章节，制定了总体青年政策，一定程度上确立了青年工作方向，具体表述如下："主要在于培训青年，使为澳门而选择的未来计划得以施行，因此将加强协助青年结社及进行课外活动；着重于设置新的青年中心及包括青年社团会址的其他基础设施；促进开办青年活动的推动人员课题；利用已重组的青年委员会推动沟通家庭及其他方面对青年发展的影响。"① 但上述政策只是对澳门青年提供服务的简单纲要，还没有形成具体的实施措施，也还没有形成具有长期发展性质的策略性方案。

（三）回归以后（1999 年至今）

澳门特区政府成立以来一直重视培育青年的全人发展，于 2002年成立青年政策咨询机构，为青年政策的订定和实施有关政策的评估方面提供专业建议和意见；2003 年建构《澳门青年指标体系》，为澳门青年政策的制定提供科学的数据支撑；2007 年制定《全人策略》，展望了澳门青年工作能参照策略的方向，为促进青年全面健康成长的行动计划踏出重要的一步；2010 年建立"澳门青年研究网"，有助制定青年政策之参考，是青年政策重要的资料库；2013 年公布《青年政策》，为澳门青年工作提供政策性的指引。通过社会各界力量和广大青年的共同努力，全面落实各项政策措施，为澳门青年的全面发展提供了坚实的后盾。

1. 2002 年成立青年政策咨询机构

青年事务委员会于 2002 年设立，为青年政策的订定和实施有关政策的评估方面提供专业建议和意见的咨询机构。青年事务委员会的前身为殖民时期 1988 年设立的青年委员会，教青局现为青年事务委员会提供所需技术、行政及财政辅助。第 12/2002 号行政法规订定青年事务委员会的组织、架构及运作方式，并废止第 65/92/M号法令。

自 2011 年以来，青年事务委员会共举行了 8 次全体会议，以

---

① 参见李明基《澳门青年政策的反思与展望》，《当代青年研究》1993 年第 Z1 期，第80—82 页。

及 7 次专责小组会议，当中包括 2 次非高等教育委员会与青年事务委员会联合座谈会。同时，通过该委员会的"澳门青年全人发展策略咨询"专责小组及"澳门青年研究"专责小组，有序订定《澳门青年全人发展政策整体规划》文本的内容，并积极跟进筹建青年研究机制及澳门青年指标收集的相关工作。

2. 2003 年建构《澳门青年指标体系》

为体现澳门特区政府的施政理念、与国际社会接轨客观需要、减少青少年犯罪的社会诱因、提升文明档次及改善投资旅游环境，2003 年制定《澳门青年指标体系》，成为澳门青年政策制定的数据支撑，承担制定青年政策的其中五分之二的内容。青年事务委员会于同年设立"澳门青年指标体系"专责小组，开展跟进有关"澳门青年指标体系"各项指针资料搜集及研究的具体工作。

青年指标体系是一套用作评定青年发展状况的工具和方法，涵盖各个与青年有关的层面，其重要性在于提供清晰、准确和全面的青年面貌，测量、比较和预测青少年的现况。其制定的目的是透过各个指针项目，让各界人士对澳门 13 至 29 岁青年特征及其情况有更完整的认识，从而更了解青年人不同的兴趣和需要，并提供给澳门特区政府有关部门，作为制定未来相关政策的参考。

3. 2007 年制定《澳门青年全人发展策略》

青年事务委员会于 2005 年设立"青年全人发展策略"专责小组，期望借此机制有效地制定针对青年全人发展的相关政策（即其后发布的《青年政策》）。"青年全人发展"是指年龄在 13—29 岁的青年，在德育、智力、体格、社交、社会参与和美育等各方面的潜能的开拓和发展。《全人策略》于 2007 年制定，是为了建构让澳门青年有良好发展机会的社会环境，通过政府和民间组织的共同合作，为促进青年全面健康成长的行动计划迈出重要一步。

《全人策略》以人本主义及发展理论作为起点，配合社会支持为基、青年需要为本的理念,并以达到与青年共同创建持续成长所需要的环境为愿景,订定总目标:运用机会共拓展、参与互成长的工作取向,发挥青年智、仁、勇的潜能,协助年轻人懂得尊敬生命,并能对个人、家庭、社会、国家和世界有所承担。澳门青年全人发展的工作,展望澳门青年工作能参照策略的方向,配合社会不同时代的发展,透过政府各部门相互协调、持续制定及优化与各领域相关的政策。

4. 2010 年建立"澳门青年研究网"

澳门青年研究网[①]于 2010 年推出,是有关青年研究的数据库和交流平台,推动了澳门青年研究发展,使社会各界对澳门青年成长及发展状况有了更深入的认识。其总体组织架构由澳门社会工作局、教青局、街坊会联合总会青年事务委员会、圣公会澳门社会服务处、澳门中华新青年协会、澳门社会文化发展研究学会、澳门青年研究协会、澳门基督教青年会、归源社会研究学会组成。

设立澳门青年研究网的目的有两个:一是汇集有关澳门青年研究的报告,以促进研究成果及研究信息的交流;二是为澳门从事青年研究的机构及研究人员建立交流平台,从而促进及推动澳门青年研究的发展。网站具有丰富的涉及青年发展多个范畴的研究报告,为澳门青年相关问题的研究以及政策的制定提供具有参考价值的数据,有助制定青年政策之参考,是青年政策重要的资料库。

5. 2013 年公布《澳门青年政策 (2012—2020)》

为配合澳门可持续发展的人才培养要求,以及青年成长所需的社会关怀和支持,澳门政府于 2010 年开始研究青年发展整体规划的相关工作,于 2013 年公布《青年政策》[②],作为澳门有史以来的

---

① 2017 年 5 月 11 日,澳门青年研究网 (http://www.dsej.gov.mo/rejm/)。

② 《〈澳门青年政策 (2012—2020)〉正式公布》。2018 年 1 月 4 日,澳门特别行政区政府的官方网站 (http://portal.gov.mo/web/guest/info_detail? infoid=298433)。

第一个青年政策，是澳门在青年政策和工作的重要里程碑。教青局根据所收集到的意见，结合澳门社会的发展状况，并参考国际组织、内地、外国及其他地区的青年政策，制定《青年政策》的工作时间表，按序草拟政策的各部分的内容，以制定培育青年全人发展的政策性文件。

《青年政策》确定了青年事务未来的发展方向、目标以及措施，以青年发展作为政策取向，勾画出未来青年的发展方向，罗列出未来青年发展的策略原则以及行动方针。其遵循构建本地人才培养长效机制的施政要求，结合《十年规划》的有力支撑，未来将进一步发挥青年事务委员会的作用，通过与教育机构、青年社团和民间社会服务机构的合作，全面落实各项政策措施，为澳门青年的全面发展提供坚实后盾。

二　发展特点

澳门特区政府深刻意识到青年是社会的未来和希望，面对日趋复杂的青年发展议题，亟须完善青年工作体制，勾画中长期工作蓝图，协调社会各界的力量，共同关注青年的成长。在政府的积极组织下，澳门青年政策理念人本化、青年政策管理组织化、青年政策咨询民主化、青年政策制定科学化，为青年的人身与心理方面的全面和健康的发展提供全面的支持协助以及政策引领。

（一）澳门青年政策理念人本化

青年政策的核心理念主要体现在"凝聚社会力量，推动全人发展"，其以《全人策略》作为基础，根据"人本主义"及"发展理论"的主张，彰显以人为本、相互发展的精神，并以"社会支持为基、青年需要为本"为策略的理念。从青年研究到青年政策的制定，都关切青年成长的诉求，坚持青年立场，自觉以青年的视角探究青年群体，青年政策的发展目标与措施均切中青年成长的题域。

澳门青年政策的制定从问题本位转向青年本位，体现了澳门特区政府对理解青年的重视，澳门青年政策理念走向人本化。

（二）澳门青年政策管理组织化

20世纪80年代后期青年委员会成立，1991年设立负责青年事务的政务司，1993年教育司更改组为教育暨青年司，使青少年工作有系统与组织地进行。2002年青年事务委员会成立，为青年政策的订定和实施有关政策的评估方面提供专业建议和意见。青年事务委员会下设多个专责小组："澳门青年政策"专责小组、"澳门青年指标体系"专责小组、"澳门青年全人发展策略咨询"专责小组、"澳门青年研究"专责小组等，为青年问题研究、青年发展关注、青年政策制定提供智力、技术、行政及财政辅助，澳门青年政策管理走向组织化。

（三）澳门青年政策咨询民主化

澳门特区政府重视青年人自身对青年政策制定的参与，积极建构与青年群体之间的双向沟通渠道。由此，青年政策的制定从青年的切身需要着想，青年的需要和意愿得到了充分的关注与尊重。政府也积极与民间进行沟通，注重来自社会力量的参与，从电邮、报刊、咨询会、电视台、电台等多样渠道收集市民、社会团体、媒体评论、学校或教育界人士等对青年政策的意见和建议。由此，彰显了澳门青年政策的主动性、宏观性、动态性，能够以更前瞻和务实的思维对青年问题以及发展做出积极的应对，澳门青年政策咨询走向民主化。

（四）澳门青年政策制定科学化

《澳门青年指标体系》的设立为澳门青年问题研究以及青年政策的制定建立了科学的研究青年问题的工具与方法。"澳门青年研究网"的建立为澳门青年政策研究提供了具有参考价值的资料库资源。在澳门特区政府的推动及资助下，也吸引了更多的学术团体以及学者对澳门青年研究的参与，为澳门青年政策的制定迈向更具素质而带来人才力量与智力支持。当前澳门青年政策正以前瞻性和发展的角度去全面衡量澳门整体青年的需要，在此基础之上来制定有关青年研究、政策以及跨越不同范畴的服务纲领，澳门青年政策制定走向科学化。

三　总体情况

（一）澳门青年政策的主要内容

青年是社会的未来，是社会发展的动力，澳门特区政府成立以来一直重视培育青年的全人发展，为促进青年健康成长和持续发展致力创设优质条件。因此，制定《青年政策》成为新时期青年事务工作的核心期望，是促进青年全面发展的前瞻性和系统性政策文件，透过政策的制定为澳门青年的全人发展提供强大的支持。《青年政策》以青年发展为取向，勾画出未来青年发展方向，罗列出未来青年发展的策略原则及行动方针，为新时期的青年事务确定工作主轴。

《青年政策》以凝聚社会力量，培育全人发展，扶助青年面对挑战和实现理想，培育志存高远、德才兼备、身心健康、权责兼顾，既有独立思考和批判精神，又有创新和建设能力的年青一代，共同营造优质的人文社会环境为愿景；以推动社会参与、促进身心成长、营造关爱氛围、增进社会流动为四个基本政策方向；以凝聚社会力量、推动全人发展为两个主要发展目标。澳门特区政府通过以下十个主要措施落实青年政策：合理投放资源、注重品德成长、提升竞争能力、推动结社和义务工作、广开参与路径、促进社会平等共融、倡导健康绿色生活、鼓励多元余暇活动、强化生涯辅导服务、预防偏差及违法行为。而在推行及验视机制上，教青局、青年事务委员会、其他相关政府部门、教育机构、青年社团和民间社会服务机构,在相互配合以及支持下,发挥推行、支持及咨询的角色功能,共同落实《青年政策》,并且设立定期及阶段性的检视机制以掌握《青年政策》的推行状况及成效。

(二) 推进澳门青年政策实施的后续行动计划

《青年政策》的制定凝聚了澳门特区社会各界的智慧和力量,当前主要工作的关键是政策的落实。为此,澳门特区政府在现有扶助青年发展的各项工作基础之上,拟订了约 60 个后续行动计划,并优先从以下四个方面推进政策的实施:一是加强青年对政策关注与认识;二是做好青少年的体质健康工作;三是推动社会参与,增强青年的社会责任感、使命感和担当意识;四是着力培养特区建设所需的各类青年人才。

为了应对澳门未来发展和青年自身的需要,保障《青年政策》各项措施的实现,教青局编制了执行《青年政策》的行动计划,该行动计划主要由"政策方向"和"政策支持"两部分组成。第一部分内容是指落实社会参与、身心成长、关爱氛围、社会流动等四个基本政策方向的具体规划。第二部分是指在信息、空间、设施、财政、培训、科学数据和政策监控等领域保障政策实现的具体安排。具体有以下策略[①]:

第一,为提高青年参与社会的热情和责任感,培养理性、包容、关爱以及合作的精神,拓展更多社会和公共服务等群体生活的参与渠道和机会,扩大青年义务工作的广度和深度,以及推广各类提升公民意识的活动。

第二,为提高学生对学业的自我疏导和抗压能力,树立高尚的品德观念,促进青年生理和心理的协调发展,把从小养成运动意识

---

① 参见《澳门青年政策 (2012—2020)》,2018 年 1 月 1 日 (http://www.dsej.gov.mo/youthpolicy/index.html? timeis = Wed% 20Apr% 2004% 2012:31:13% 20GMT + 08:00% 202018&&)。

和健康生活习惯作为提升青年体质的着力点，并通过提供各类教育营地活动发展多元化的余暇活动。

第三，为推动主流群体与有需要的青年群体和睦相处、友爱向善、谅解宽容，营造关爱团结、同舟共济的人文环境，通过青年嘉许活动、优惠支持服务、宣传推广活动和构建三级预防机制等多种措施，将人本主义和人文关怀的理念贯彻落实到《青年政策》的各项工作中。

第四，为让青年能把握产业适度多元发展提供更多流动机会，通过后天努力实现理想，为自身发展和社会进步灌注活力，配合特区政府构建本地人才培养长效机制的战略部署，通过规划设计和系统化培训，培育青年的领导、实践、创造和多语能力，以及社会适应和社会生存的能力，并通过组织和支持更多对外交流活动，扶助青年拓宽视野和世界观，同时配合有组织性的生涯规划辅导。

第五，通过制订系统性的政策支持计划，配合主要措施和推动及检视机制的要求，在信息、空间、设施、财政、培训、科学数据和政策监控等领域确保"青年政策"订定的各项工作按序实施。

（三）澳门青年政策的落实情况及实施成效

1. 澳门青年政策的落实情况

为尽力配合社会发展情况和青年成长的需要，2010年特区政府的施政方针中，更加明确以"凝聚社会力量，与青年共成长"为青年事务的指导方针，目的是推动青年积极参与社会事务，贡献社会。于2013年12月颁布并实施的《青年政策》，自公布后，各项工作均按序落实。教青局主要从两个方面落实：第一，开展机制建构工作，第二，优先实施与施政相关的各项工作，包括人才培养、身心健康、义务工作、青年沟通等方面，促进青年全人发展。

建构跨部门协调统筹机制：行政长官于2014年第一季度通过

批示，设立了涵盖 4 个施政范畴、共 11 个公共部门参与的《青年政策》跨部门跟进小组，并于 2014 年 6 月正式启动运作，通过青年信息掌握、项目协作等形式，凝聚各政府部门力量，共同推进本澳青年工作的有效落实。

建立政策成效的基本验视框架：根据《青年政策》订立的验视机制构想，开展了验视机制的研究，并同步构思如何落实验视框架的可操作方案，作为日后衡量政策推行效果的工具。

加强政策宣传和青年热点资讯掌握：在政策宣传的工作上，通过印制图文并茂的政策文本、制作政策宣传短片，设立青年政策专题网页，邀请专家学者为澳门青年、社团以及服务机构人员举办专项培训等多元方式开展。同时，配合特区政府"科学施政"理念，试行青年特点资讯掌握工作，以掌握青年范畴最新的社情民意，适时提出针对性的措施，让施政更符合社会发展和青年成长的需要。

2. 澳门青年政策的实施成效

按照《青年政策》订定的四个基本政策方向，以创新、优化和推进作为落实计划的指导方针，根据 2012 年至 2020 年的规划期分短、中、长期逐步实施，以 2012 年至 2016 年作为第一个推行周期，并以 2016 年做中期验视。

2014 年，教青局委托学术研究团队开展"澳门青年政策评估指标研究"，建立检视政策成效的基本框架。2016 年，《青年政策》主要措施中大部分相关工作项目已按序顺利开展，同时启动了中期检视的研究工作，总结政策执行成效。2017 年 3 月 29 至 30 日，"中山大学港澳珠江三角洲研究中心"陈广汉主任及黎熙元教授简介了《青年政策》中期检视结果，① 并分"检视基本思路""检视

---

① 资料来源于 2017 年 3 月 30 日澳门青年事务委员会全体会议，"中山大学港澳珠江三角洲研究中心"研究团队对《澳门青年政策（2012—2020）》的中期验视。

基本方法""检视结果""澳门青年面对的机遇、挑战"以及"《青年政策》中后期的关注重点"五部分做出讲解。其中，检视总评、结果、澳门青年面对以机遇和挑战《青年政策》中后期关注的重点阐释如下。

第一，检视总评：政策取得一定成效。《青年政策》的制定目标清晰，能将青年个人发展与社会发展相融合，政策单独成文加大了政策的执行效力。澳门政府在《青年政策》第一个施行周期，推出许多相关的措施和资源，令政策取得一定成效。"青年政策"跨部门跟进小组的各部门在 2012 至 2016 年，围绕"青年政策"四个基本政策方向开展大量以青年为对象的工作及计划。检视结果显示，各项计划能回应和配合政策方向。

第二，检视结果：政策实施期间青年发展趋势良好。《青年政策》实施期间青年发展状况为：青年选民登记数有所提高，参与政府决策意愿增强；积极参与义工和公益活动，培养公民责任感和实践技能；学生体质总体水准提高；心理素质逐步增强，人生态度在整体上较为积极进取；青年犯罪人数减少；积极参与培训进修，提升技能；青年就业状况良好，工资处中等水平；投身博彩投注服务的人数比例减少，青年就业趋多元化。

第三，澳门青年面对的机遇、挑战。机遇主要来自于国家和澳门特区的政策，包括"十三五"规划、港澳地区参与及助力"一带一路"的建设、配合国家落实"粤港澳大湾区建设"城市群规划；特区政府五年规划致力将澳门打造成为"一中心一平台"，以及推动经济适度多元等。而澳门经济结构较为单一化以及国际形势复杂多变则为青年带来了挑战。

第四，《青年政策》中后期的关注重点。澳门政府可依循八个重点跟进"青年政策"，包括：因应澳门经济社会发展需要，增强青年的核心竞争力；鼓励青年社会参与，提升青年参与及贡献社会意识；提升良好品德，培育正确价值观；积极关注青年家庭，发挥家庭支持功能；注重政策覆盖面，关注不同群体青年的需要；加强跨部门跟进小组的组织领导，扩大行动计划覆盖面；增强政策宣传力度，完善政策实施与监测，提高公众参与与监督，扩大政策影响力；配合社会发展需要，调整澳门青年指标。

参考文献

一 著作类

[葡] 施白蒂:《澳门编年史》,小雨译,澳门基金会 1995 年。

《21 世纪中国公民教育的给予与挑战——两岸四地公民教育研讨会论文集》,2006 年。

贝磊、古鼎仪:《香港与澳门的教育与社会:从比较角度看延续与变化》,人民教育出版社 2006 年版。

邓开颂等:《澳门历史新说》,花山文艺出版社 2000 年版。

冯增俊:《澳门教育概论》,广东教育出版社 1999 年版。

黄汉强:《澳门教育改革研讨会文集》,东亚大学澳门研究中心,1991 年。

刘羡冰:《澳门教育史》,澳门出版协会 2007 年版。

石欧:《教科书评论 2014》,首都师范大学出版社 2015 年版。

吴志良,郝雨凡:《澳门经济社会发展报告 (2015—2016)》,澳门基金会、社会科学文献出版社 2016 年版。

二 论文类

黎义明:《澳门回归初期特区政府修改教育制度之管理路向研究》,博士学位论文,西南大学,2005 年。

范冰川、陈香：《澳门中小学〈品德与公民〉教材的结构和特点》，《青年学报》2015 年第 3 期。

郭晓明：《澳门课程变革的背景与可能路径》，《行政》（澳门）2004 年第 17 卷第 4 期。

郭晓明：《核心素养与澳门非高等教育课程框架的改革》，《澳门研究》2016 年第 4 期。

郭晓明：《回归以来澳门教育制度的变革》，《全球教育展望》2009 年第 5 期。

郭晓明：《探寻澳门中文教育自身的传统》，《行政》（澳门）2015 年第 28 卷第 4 期。

黄素君：《澳门教师教育政策制考古及系谱研究》，《华南师范大学学报》（社会科学版）2014 年第 6 期。

［英］霍华德·威廉姆森：《欧洲共同体背景中的青年政策》，余娟娟、陈晶环译，《青年探索》2012 年第 2 期。

李明基：《澳门青年政策的反思与展望》，《当代青年研究》1993 年第 Z1 期。

梁淑雯：《澳门特别行政区教育政策评述》，《"一国两制"研究》2014 年第 3 期。

芮立平：《澳门问题的和平解决》，《当代中国史研究》2000 年第 1 期。

苏朝晖，梁励，王敏：《澳门课程改革的背景、取向与展望》，《全球教育展望》2009 年第 5 期。

王凌光：《非高等教育领域之私校公助——教育民营化的澳门经验》，《行政法学研究》2013 年第 3 期。

吴如加，萧涌刚：《澳门历史细节：失败殖民四百年》，《凤凰周刊》2015 年 15 期。

张桂菊：《澳门回归后"三文四语"教育现状研究》，《比较教育研究》2009 年第 11 期。

张红峰：《澳门教师教育的发展历程研究》，《教师教育研究》2015
年第 1 期。

三　法律法规

澳门特别行政区第 11/91/M 号法律《澳门教育制度》

澳门特别行政区第 9/2006 号法律《非高等教育制度纲要法》

澳门特别行政区第 12/2010 号法律《非高等教育公立学校教师及教
学助理员职程制度》

澳门特别行政区第 3/2012 号法律《非高等教育私立学校教学人员
制度框架》

澳门特别行政区第 16/2007 号行政法规《订立〈教育发展基金制
度〉》

澳门特别行政区第 17/2010 号行政法规《非高等教育委员会的组织
及运作》

澳门特别行政区第 6/2012 号行政法规《修改规范青年事务委员会
的组织、架构及运作方式的第 12/2002 号行政法规》

澳门特别行政区第 15/2014 号行政法规《本地学制正规教育课程框
架》

澳门特别行政区第 10/2015 号行政法规《本地学制正规教育基本学
力要求》

第 62/94/M 号法令《核准学生福利基金及社会暨教育援助之新制
度——废除五月十四日第 17/90/M 号法令及第 18/90/M 号法令》

第 102/2006 号行政长官批示《设立〈课程改革及发展委员会〉》

第 134/2010 号社会文化司司长批示《核准学费援助、膳食津贴及
学习用品津贴发放规章》

第 147/2012 号社会文化司司长批示《订定教学人员专业委员会的

运作方式》

第 70/2015 号行政长官批示《调整第 29/2009 号行政法规〈书簿津贴制度〉第四条第一款所定的每一学年度发给每名学生的书簿津贴金额》

第 39/2016 号社会文化司司长批示《修改经第 134/2010 号社会文化司司长批准的〈核准学费援助、膳食津贴及学习用品津贴发放规章〉》

第 162/2017 号行政长官批示《调整第 19/2006 号行政法规〈免费教育津贴制度〉第六条第一款（一）至（三）项所定的免费教育津贴金额》

第 163/2017 号行政长官批示《调整第 20/2006 号行政法规〈学费津贴制度〉第四条第一款所定的学费津贴金额》

四 规划与政策

2012 年《非高等教育发展十年规划（2011—2020）》

2016 年《澳门特别行政区五年发展规划（2016—2020）》

2008 年《澳门特别行政区非高等教育范畴德育政策》

2008 年《澳门特别行政区非高等教育范畴语文教育政策》

2013 年《澳门青年政策（2012—2020）》

五 网站

澳门特别行政区教育暨青年局：http：//www. dsej. gov. mo

澳门特别行政区非高等教育委员会资讯网：http：//www. dsej. gov. mo/ce/

澳门特别行政区课程发展咨询网：https：//www. gov. mo/zh - hans/browse/education/

澳门青年研究网：http：//www. dsej. gov. mo

澳门中华教育会：http：//www.edum.org.mo

语言推广中心：http：//www.dsej.gov.mo

东方葡萄牙学会：http：//ipor.mo

经济合作与发展组织（OECD）：http：//www.oecd.org

六　年鉴与杂志

澳门特别行政区教育暨青年局《澳门教育年鉴》

澳门特别行政区教育暨青年局《教育数字概览》

澳门特别行政区教育暨青年局《非高等教育统计数据概览》

澳门特别行政区教育暨青年局《教育暨青年局年刊》

澳门特别行政区教育暨青年局《教师杂志》

澳门中华教育会《澳门教育》